AF343630

D' GUSTAVE LE BON

L'évolution actuelle du monde

Illusions et réalités

3° HISTOIRE GÉNÉRALE

ALEXINSKY (Grégoire), ancien député à la Douma. **La Russie moderne** (8° mille).

ALEXINSKY (Grégoire). **La Russie et l'Europe** (5° mille).

AVENEL (Vicomte Georges d'). **Découvertes d'histoire sociale** (7° mille).

BIOTTOT (Colonel). **Les Grands Inspirés devant la Science. Jeanne d'Arc.**

BOUCHÉ-LECLERCQ (A.), de l'Institut. **L'Intolérance religieuse et la politique** (5° m.)

CAZAMIAN (Louis). **La Grande-Bretagne et la guerre** (5° mille).

CHARRIAUT (Louis) et M.-L. AMICI-GROSSI. **L'Italie en guerre** (5° mille).

COLIN (J.), Général. **Les Transformations de la guerre** (7° mille).

COLIN (J.), Général. **Les Grandes batailles de l'Histoire.** *De l'antiquité à 1913* (7° m.)

DEONNA (W.), Professeur à l'Université de Genève. **L'Archéologie.**

DIEHL (Ch.), de l'Institut. **Byzance, grandeur et décadence** (10° mille).

GENNEP. **Formation des Légendes** (6° m.)

GUIGNEBERT (Charles), professeur à la Sorbonne. **Le Christianisme antique** (5° mille).

GUIGNEBERT (Charles), professeur à la Sorbonne. **Le Christianisme médiéval et moderne.**

HARMAND (J.), ambassadeur. **Domination et Colonisation** (4° mille).

HILL, ancien ambassadeur. **L'État moderne** (4° mille).

HOMO (Léon), professeur à la faculté des lettres de Lyon. **Problèmes sociaux de jadis et d'à présent.**

HOVELAQUE (Émile), Inspect' général de l'Instruction publique. **Les Peuples d'Extrême-Orient : La Chine** (5° mille).

HOVELAQUE (Émile), Inspect' général de l'Instruction publique. **Les Peuples d'Extrême-Orient : Le Japon** (4° mille).

LEGER (Louis), de l'Institut. **Le Panslavisme** (4° mille).

LICHTENBERGER (H.), professeur adjoint à la Sorbonne. **L'Allemagne moderne** (14° m.)

LICHTENBERGER (H.) et Paul PETIT. **L'Impérialisme économique allemand** (7° m.)

MEYNIER (Colonel O.). **L'Afrique noire** (6° m.)

MICHELS (Robert), professeur à l'Université de Turin. **Les Partis politiques.** (4° mille).

MUZET (A.). **Le Monde balkanique** (5° m.)

NAUDEAU (Ludovic). **Le Japon moderne, son Évolution.** (11° mille).

OLLIVIER (E.), de l'Académie française. **Philosophie d'une Guerre (1870)** (6° mille).

OSTWALD (W.), professeur à l'Université de Leipzig. **Les Grands Hommes** (5° mille).

4° HISTOIRE DES DÉMOCRATIES

AURIAC (Jules d'). **La Nationalité française, sa formation.**

BATIFFOL (Louis). **Les anciennes Républiques alsaciennes** (5° mille).

BLOCH (G.), professeur à la Sorbonne. **La République romaine** (6° mille).

BLOCH (G.), professeur à la Sorbonne. **L'Empire romain** (5° mille).

BORGHÈSE (Prince G.). **L'Italie moderne** (5° mille).

CAZAMIAN (Louis), m° de Conférences à la Sorbonne. **L'Angleterre moderne** (7° m.)

CHARRIAUT. **La Belgique moderne** (9° m.)

COLSON (O.), de l'Institut. **Organisme économique et Désordre social** (5° mille).

CROISET (A.), de l'Institut. **Les Démocraties antiques** (10° mille).

DIEHL (Charles), de l'Institut. **Une république patricienne, Venise** (N° mille).

GARCIA-CALDERON (F.). **Les Démocraties latines de l'Amérique** (6° mille).

HANOTAUX (Gabriel), de l'Académie française. **La Démocratie et le Travail** (8° mille).

LE BON (Dr Gustave). **La Révolution Française et la Psychologie des Révolutions** (16° mille).

LUCHAIRE (J.), D' de l'Institut de Florence. **Les anciennes Démocraties italiennes** (5° mille).

PICAVET (C.-G.), p' adjoint à l'Université de Toulouse. **Une Démocratie historique. La Suisse** (4° mille).

PIRENNE (H.), Prof' à l'Université de Gand. **Les anciennes Démocraties des Pays-Bas** (5° mille).

ROZ (Firmin). **L'Énergie américaine** (11° m.)

ROZ (Firmin). **L'Amérique nouvelle.**

SEIPEL, BOUGLÉ, BOUTROUX, etc. **Les Démocraties modernes** (4° mille).

L'évolution actuelle du monde

PRINCIPALES PUBLICATIONS DE GUSTAVE LE BON

I° VOYAGES, HISTOIRE ET PSYCHOLOGIE

VOYAGE AUX MONTS TATRAS, avec une carte et un panorama dressés par l'auteur (publié par la *Société géographique de Paris*).

VOYAGE AU NÉPAL, avec nombreuses illustrations, d'après les photographies et dessins exécutés par l'auteur pendant son exploration (publié par le *Tour du Monde*).

L'HOMME ET LES SOCIÉTÉS. — LEURS ORIGINES ET LEUR HISTOIRE. Tome Ier : Développement physique et intellectuel de l'homme. — Tome II: Développement des sociétés. (*Épuisé.*)

LES PREMIÈRES CIVILISATIONS DE L'ORIENT (Égypte, Assyrie, Judée, etc.). In-4°, illustré de 430 gravures, 2 cartes et 9 photographies. (*Épuisé.*)

LA CIVILISATION DES ARABES. Grand in-4°, illustré de 366 gravures, 4 cartes et 11 planches en couleurs, d'après les documents de l'auteur. (*Épuisé.*)

LES CIVILISATIONS DE L'INDE. Grand in-4°, illustré de 352 photogravures et 2 cartes, d'après les photographies exécutées par l'auteur. (*Épuisé.*)

LES MONUMENTS DE L'INDE. In-folio, illustré de 400 planches d'après les documents, photographies, plans et dessins de l'auteur. (Firmin-Didot.) (*Épuisé.*)

LOIS PSYCHOLOGIQUES DE L'ÉVOLUTION DES PEUPLES. 17° édition.

PSYCHOLOGIE DES FOULES. 31° édition.

PSYCHOLOGIE DU SOCIALISME. 10° édition.

PSYCHOLOGIE DE L'ÉDUCATION. 30° mille.

PSYCHOLOGIE POLITIQUE. 19° mille.

LES OPINIONS ET LES CROYANCES. 17° mille.

LA RÉVOLUTION FRANÇAISE ET LA PSYCHOLOGIE DES RÉVOLUTIONS. 16° mille

APHORISMES DU TEMPS PRÉSENT. 9° mille.

LA VIE DES VÉRITÉS. 11° mille.

ENSEIGNEMENTS PSYCHOLOGIQUES DE LA GUERRE EUROPÉENNE. 36° mille.

PREMIÈRES CONSÉQUENCES DE LA GUERRE. 29° mille.

HIER ET DEMAIN, PENSÉES BRÈVES. 12° mille.

PSYCHOLOGIE DES TEMPS NOUVEAUX. 12° mille.

LES INCERTITUDES DE L'HEURE PRÉSENTE. 4° mille

LE DÉSÉQUILIBRE DU MONDE. 11° mille.

L'ÉVOLUTION ACTUELLE DU MONDE.

2° RECHERCHES SCIENTIFIQUES

LA FUMÉE DU TABAC. — ANALYSES CHIMIQUES. (*Épuisé.*)

RECHERCHES ANATOMIQUES ET MATHÉMATIQUES SUR LES VARIATIONS DU VOLUME DU CRANE. In-8°. (*Épuisé.*)

LA MÉTHODE GRAPHIQUE ET LES APPAREILS ENREGISTREURS, contenant la description des nouveaux instruments de l'auteur, avec 63 figures. (*Épuisé*)

LES LEVERS PHOTOGRAPHIQUES. Exposé des nouvelles méthodes de levers de cartes et de plans employés par l'auteur pendant ses voyages. 2 vol in-18. (Gauthier-Villars.)

L'ÉQUITATION ACTUELLE ET SES PRINCIPES. — RECHERCHES EXPÉRIMENTALES. 4° édition 1 vol. in-8°, avec 57 figures et un atlas de 178 photographies instantanées. (Flammarion.)

MÉMOIRES DE PHYSIQUE: Lumière noire. Phosphorescence invisible Dissociation de la matière. Énergie intra-atomique, etc. (18 mémoires.)

L'ÉVOLUTION DE LA MATIÈRE, avec 63 figures. 43e mille

L'ÉVOLUTION DES FORCES, avec 43 figures. 25° mille.

Il existe des traductions en Anglais, Allemand, Espagnol, Italien, Portugais, Danois, Suédois, Russe, Arabe, Polonais, Tchèque, Turc, Hindoustani, Japonais, etc., de quelques-uns des précédents ouvrages.

A LA LIBRAIRIE FLAMMARION

L'ŒUVRE DE GUSTAVE LE BON, par le Baron Moroxo, ambassadeur du Japon, in-8° avec portrait.

Bibliothèque de Philosophie scientifique

Dr GUSTAVE LE BON

L'évolution actuelle du monde

Illusions et réalités

Les forces immatérielles dans l'histoire.
Les conflits entre les vivants et les morts.
Les illusions sur la sécurité.
Pourquoi certaines guerres sont inévitables.
Le nombre contre les élites.
Les futurs maîtres du monde.
L'évolution de l'Europe vers la dictature.
La religion socialiste. — Visions d'avenir.

ERNEST FLAMMARION, ÉDITEUR
26, RUE RACINE, PARIS

1927

Au

COLONEL SADI CARNOT

en souvenir

de longues années d'amitié.

GUSTAVE LE BON.

INTRODUCTION

PHYSIONOMIE ACTUELLE DU MONDE

L'âge actuel représente une période de progrès et
de bouleversements qui différencient profondément
la civilisation moderne de toutes celles que l'humanité a vu naître, grandir et disparaître au cours de sa
longue histoire. Les peuples se trouvent entre un
monde qui finit et un monde qui commence.

La structure du monde nouveau dépendra de l'issue
du conflit entre les forces créatrices, les forces conservatrices et les forces destructrices qui agitent la vie
des peuples.

Les forces créatrices nées chaque jour dans les
laboratoires et les usines ont transformé la vie matérielle et donné aux civilisations une physionomie
nouvelle.

Les forces conservatrices représentent l'héritage
ancestral des peuples. C'est le domaine de la vie

inconsciente où s'élaborent les principaux mobiles de la conduite.

Les forces destructrices agissent en sens contraire des précédentes. Les ambitions des souverains, les rivalités entre peuples, le mécontentement des multitudes, les révolutions, appartiennent au grand cycle des forces destructrices. Les catastrophes observées depuis les débuts de la dernière guerre montrent à quel point elles peuvent ravager le monde.

La plupart des problèmes que nous étudierons dans cet ouvrage résultent des menaces que les forces destructrices continuent à faire peser sur les divers pays. La grande préoccupation des gouvernants est de trouver les moyens de limiter leur action.

Il suffit de jeter un coup d'œil sur la physionomie actuelle du monde pour constater ce rôle des forces destructrices.

***

Presque tous les pays de l'Europe : Allemagne, Italie, Pologne, etc., sont divisés par des rivalités de frontières et ne songent qu'à s'agrandir aux dépens de leurs voisins.

A ces menaces de conflits extérieurs se joignent encore des menaces de conflits intérieurs déterminés par les rivalités des partis. Pour se soustraire à l'anarchie résultant de ces luttes intestines, de grandes nations telles que l'Espagne et l'Italie en ont été réduites à subir des dictatures.

Les peuples les plus stabilisés par un long passé n'ont pu échapper à l'anarchie dont l'Europe est aujourd'hui victime. C'est ainsi qu'une grève générale faillit ruiner l'Angleterre et que celle des mineurs occasionna des pertes dont le montant a été évalué au coût d'une grande guerre.

La politique extérieure de l'Empire britannique n'est pas moins troublée que sa politique intérieure. Après avoir perdu l'Irlande il voit les dominions réclamer leur indépendance et les marchés étrangers, qui le faisaient vivre, se fermer devant lui. 1.500.000 chômeurs montrent la gravité de cette situation.

Les autres Etats européens ne sont pas dans une situation meilleure. La Russie retourne à la barbarie, l'Allemagne essaie péniblement de refaire sa situation économique, la France est en proie à des divisions qui ont failli ruiner son existence financière.

L'anarchie qui pèse sur l'Europe pèse aussi sur d'autres parties du monde. L'Orient entier, de la Turquie à la Chine, se trouve livré à des luttes civiles redoutables.

*
* *

Alors qu'une grande partie du monde semble plongée dans le chaos, l'Amérique, seul pays ayant profité de la guerre, a pu se soustraire aux causes de ruine dont tous les peuples furent victimes. Plus de la moitié de l'or du monde est passée entre ses mains. Les plus grands Etats de l'Europe sont ses débiteurs. Elle exerce de plus en plus sur eux une hégémonie financière parfois très lourde. Affranchis de toute influence socialiste, ses ouvriers reçoivent des salaires fort supérieurs à ceux des autres pays et mènent une existence aisée qu'envieraient la plupart des bourgeois européens.

***

Un des grands dangers de l'heure actuelle, le plus grand peut-être, puisqu'il menace l'existence même des civilisations, résulte des progrès réalisés dans les moyens de destruction. Les découvertes de la science ont mis[au service de sentiments, dont l'évolution n'a pas suivi celle de l'intelligence, des procédés de destruction tellement puissants que de grandes capitales pourraient être anéanties en quelques heures. C'est un péril que le monde n'avait pas encore connu.

Dans l'espoir de prévenir cette perspective redoutée, des hommes d'État éminents ont fondé une Société des Nations, où les représentants des peuples cherchent, au moyen d'arbitrages, à maintenir la paix.

Ils n'y ont pas réussi encore. Leurs discussions montrent que les hommes sont souvent plus séparés par des différences de sentiments que par des divergences d'intérêts.

Cette tentative d'établir une paix prolongée n'est d'ailleurs pas nouvelle. Après les grandes périodes de luttes, les pays épuisés cherchèrent toujours des combinaisons capables de maintenir la paix. A la suite des vingt ans de guerres napoléoniennes le congrès de Vienne, véritable société des nations, espérait, lui aussi, terminer l'ère des conflits.

Toutes les combinaisons de cet ordre sont efficaces

tant que n'apparaissent pas des difficultés que les décisions pacifiques sont impuissantes à résoudre. On a justement remarqué que si la Société des Nations avait existé à l'époque où se fondait l'unité de l'Italie, la réalisation de cette unité eût été impossible. Chacun des minuscules états dont se composait alors l'Italie se fût adressé à la Société des Nations qui aurait dû employer son influence à les protéger.

Tous ces édifices juridiques prétendant éterniser la situation du monde à un moment donné ont une utilité provisoire incontestable; mais leur influence ne saurait longtemps durer. On ne stabilise pas plus les nations qu'on ne stabilise l'évolution de la vie.

*
* *

A côté des efforts tentés par la Société des Nations pour établir la paix, les diplomates cherchent à la fixer par la vieille méthode des alliances. L'histoire ancienne ou moderne montre malheureusement que les traités restent sans effet dès qu'ils cessent d'être en harmonie avec les intérêts des parties contractantes. On le vit une fois de plus dans la dernière guerre, lorsque l'Italie n'hésita pas à se tourner contre son alliée germanique dès qu'elle y eut intérêt, malgré de formels engagements.

De nos jours, les seules bases efficaces des alliances résident dans la communauté des intérêts économiques. C'est à une telle communauté qu'est dû le rapprochement de la France et de l'Allemagne.

Les associations économiques internationales, comme

celle formée récemment entre la France, l'Allemagne et divers pays pour régler certaines productions, celle de l'acier notamment, feront plus pour le maintien de la paix que tous les projets d'alliance, de désarmement et d'arbitrage péniblement élaborés dans les congrès.

*
**

Il est facile de montrer qu'au point de vue rationnel les peuples ont plus d'intérêt à s'aider qu'à se détruire. Malheureusement la raison joue un rôle bien faible dans la vie politique. Ce rôle a diminué encore, depuis la prédominance des forces collectives, caractéristique de l'évolution démocratique moderne.

Les forces collectives sont aveugles, soudaines et la raison n'agit pas plus efficacement sur elles que sur le cours d'un torrent. Les futures guerres naîtront peut-être du déchaînement de fureurs populaires qui balaieront en un instant toutes les conventions péniblement édifiées par les diplomates. La guerre de 1870 est justement née d'une explosion de fureur des multitudes déchaînée par une dépêche habilement falsifiée.

Il est probable, d'ailleurs, que les plus dangereuses des luttes futures seront des guerres intérieures issues de révolutions populaires provoquées par les apôtres de la religion socialiste.

*
* *

On dit justement que gouverner, c'est prévoir ; mais comment lire dans l'enchevêtrement compliqué des causes dont les grands événements résultent ?

La difficulté est considérable parce qu'en politique des causes très petites produisent parfois des effets très grands. C'est ainsi que jadis les visions d'un obscur chamelier de l'Arabie eurent pour premières conséquences, avec la création d'une religion nouvelle, la fondation d'un immense empire et, comme conséquences lointaines, les croisades qui précipitèrent l'Europe sur l'Orient.

Avec l'interdépendance actuelle des peuples, les moindres rivalités entre états voisins, même fort petits, peuvent déchaîner un conflit universel. La dernière guerre en est un exemple.

*
* *

Sans prétendre lire dans le livre du destin, on peut au moins mettre en évidence quelques-uns des facteurs principaux qui semblent devoir influencer l'évolution prochaine du monde.

Aux forces destructrices d'origine plus ou moins ancienne, énumérées au début de ce chapitre, se joignent des forces destructrices nouvelles, le syndicalisme et le socialisme notamment, résultant de la prédominance moderne des influences collectives.

Sous l'action du syndicalisme les sociétés tendent à se diviser en petits groupes ne considérant chacun que ses intérêts et totalement indifférents à l'intérêt général. La puissance des syndicats est devenue très grande. Tout récemment ils ont failli désorganiser entièrement l'Angleterre en provoquant une grève générale.

Limités jadis au monde ouvrier, ils comprennent maintenant la classe des fonctionnaires et celle des instituteurs. La Confédération générale du travail, qui les a fusionnés, se trouve ainsi avoir absorbé les défenseurs professionnels de l'Etat.

Il en est résulté que le gouvernement se trouve aussi impuissant contre les exigences de ses employés que l'était le gouvernement italien avant l'arrivée du fascisme.

*
* *

L'association des intérêts corporatifs constituant le syndicalisme ne doit pas être confondue avec le socialisme qui remet à l'Etat, et non aux corporations, la gestion générale des entreprises.

Le socialisme est à la fois un mouvement politique et religieux, il tire sa force non de sa doctrine mais des éléments mystiques qui lui servent de soutien.

Son succès contribue à prouver que, des âges les plus reculés de l'histoire aux temps modernes, les hommes ne se passèrent jamais d'une foi religieuse pour diriger leur vie. Ce mystique besoin semble aussi irréductible que la faim et l'amour.

*
* *

Aux forces destructrices dont nous venons d'indiquer la puissance s'opposent, non seulement les forces créatrices issues des laboratoires, mais aussi les forces conservatrices créées par le passé.

Une des plus dangereuses illusions politiques de notre âge est de croire qu'un peuple puisse se dégager des influences ancestrales d'où sa nature dérive.

De cette illusion furent victimes les hommes de la Révolution quand ils croyaient pouvoir fonder une ère nouvelle destinée à marquer leur rupture complète avec le passé.

De la même illusion sont encore victimes aujourd'hui les partis politiques extrêmes, prétendant transformer les sociétés à coups de décrets. Ils oublient que l'homme ne sort jamais de lui-même. Fils de son passé, il ajoute bien peu à l'héritage apporté en naissant. Des combinaisons politiques diverses pourront lui être imposées un instant, mais elles ne dureront qu'à la condition d'être en rapport avec le substratum ancestral des mentalités que ces institutions doivent régir. Les organisations en apparence nouvelles dérivent le plus souvent des organisations passées comme la plante dérive de la graine. C'est justement pourquoi l'histoire des peuples stabilisés par leur vie antérieure présente une grande continuité, malgré les bouleversements apparents dont elle est parfois remplie.

***

Un célèbre homme d'État assurait récemment que :

« Les questions économiques, politiques et morales sont subordonnées à des lois générales, dont la méthode expérimentale, sainement appliquée, permet de rechercher les fondements et d'établir la permanence. »

En réalité ces lois générales sont fort mal connues et c'est pourquoi l'empirisme joue en politique un rôle prépondérant.

Cet empirisme n'a pour guide que la connaissance des mobiles qui font mouvoir les hommes. C'est donc à la psychologie qu'il faut s'adresser pour essayer de comprendre les événements dont la succession constitue l'histoire. Elle explique un grand nombre de phénomènes politiques, militaires et sociaux. Les causes de la propagation du socialisme, les oscillations des volontés populaires, le rôle mystique des croyances, les finances elles-mêmes sont du ressort de la psychologie.

Pour les gouvernants modernes, cette science est devenue indispensable. C'est en utilisant ses lois que les Américains sont parvenus à résoudre sur leur territoire le problème de la lutte des classes qui menace le vieux monde de formidables conflits. C'est pour avoir méconnu certaines lois de la psychologie collective, que les chefs de grands empires ont plongé l'Europe dans l'abîme de ruines et de désolations dont elle n'est pas sortie encore.

Étant donnée la prépondérance moderne des influences collectives c'est surtout la psychologie des foules qu'il importe de bien connaître. Nous savons aujourd'hui que la mentalité individuelle et la mentalité collective sont bien différentes. Contrairement à une croyance très générale encore, l'être collectif est fort inférieur à l'être individuel.

Une des grandes erreurs de la politique moderne est de croire que les jugements des hommes en groupe sont supérieurs à ceux de l'individu isolé. Pour les politiciens-les décisions des foules représentent de suprêmes vérités.

Sans doute les vertus collectives maintiennent la prospérité des peuples mais c'est seulement de la pensée individuelle que jaillissent les idées qui élèvent le niveau d'une civilisation et assurent sa grandeur.

***

C'est encore au domaine de la psychologie collective qu'appartient l'étude des influences ancestrales qui dominent la vie des peuples. Chez ceux ayant un long passé l'âme de la race limite les oscillations des volontés populaires que les événements font naître. L'âme d'une race c'est la mer immuable et profonde, l'âme d'une foule représente les vagues mobiles que la tempête fait surgir. C'est en vain que l'homme cherche parfois à rompre avec son passé. Nous verrons dans cet ouvrage que malgré toutes les révolutions les actes des vivants restent soumis à l'impérieuse volonté des morts.

L'évolution actuelle du monde

LIVRE PREMIER

LES FORCES QUI MÈNENT LE MONDE

CHAPITRE PREMIER

LES FORCES MATÉRIELLES ET IMMATÉRIELLES DANS L'HISTOIRE

Les sentiments et les passions qui mènent les hommes ont peu varié, mais les peuples furent successivement soumis à des influences qui les orientèrent de façons différentes.

Aux impulsions affectives et mystiques ayant toujours guidé l'homme au cours de son histoire, sont venues s'ajouter les forces nouvelles, issues des laboratoires. Elles ont transformé les civilisations. En moins d'un siècle, quelques-unes de ces forces : la vapeur, et l'électricité notamment, ont exercé sur la vie des peuples des influences beaucoup plus profondes que toutes celles subies pendant la succession des âges antérieurs.

Le rôle des forces créatrices nouvelles étant trop connu pour qu'il soit utile de . 'tudier longuement, il suffira de rappeler à quel point une seule des découvertes modernes, celle des forces motrices extraites de la houille, a changé la vie sociale des nations et conditionne les volontés des gouvernements.

La vie politique du monde est en partie soumise, aujourd'hui, au prodigieux pouvoir que la science a fait surgir de l'inerte houille, considérée, il y a un siècle à peine, comme une insignifiante matière. C'est d'elle, pourtant, que sont sortis non seulement tous les éléments de la civilisation moderne, mais aussi des moyens de destruction d'une puissance telle que dans les prochains conflits, ils pourraient anéantir instantanément les plus brillantes capitales.

Les peuples possédant des mines importantes de houille — ou de son succédané, le pétrole — détiennent, par ce seul fait, une supériorité économique et politique immense.

C'est grâce à la houille que l'Angleterre put dominer les mers et, par conséquent, le commerce du monde. Ce ne furent pas du tout, comme on l'a répété parfois, les succès militaires de l'Allemagne en 1870, mais bien la découverte de mines nouvelles de houille sur son territoire, qui la conduisit à son haut degré de prospérité. La houille fut l'origine de la puissance industrielle de l'Allemagne. Elle lui permit d'aspirer à supplanter l'Angleterre dans son hégémonie commer-

ciale sur tous les points du globe. De cette prétention
une guerre mondiale devait fatalement sortir. Les
autres causes invoquées pour expliquer les origines
du conflit sont accessoires.

Le pétrole a sur la houille une supériorité énorme
au point de vue commodité, mais sa production reste
limitée. C'est pourquoi nous voyons tous les peuples
rivaliser d'efforts aujourd'hui pour se procurer les
sources d'un si précieux liquide.

Le pétrole et la houille ont déterminé la politique
mondiale de l'Angleterre. Pays industriel sans agriculture, elle est obligée d'importer ses vivres. Ils sont
payés avec des marchandises fabriquées dans ses
usines. L'arrêt des exportations engendrerait bientôt
le chômage.

Nombreux sont les exemples prouvant que le rôle
des forces motrices grandit chaque jour dans la vie
politique des peuples. Leur influence ne se fait pas
sentir seulement en Europe, mais jusqu'aux extré-
mités de l'univers. Si, aujourd'hui, le Japon man-
quant de charbon et n'étant pas très sûr que l'Amérique
lui en fournira toujours, négocie d'importants traités
avec la Russie soviétique, c'est dans l'espoir de pouvoir exploiter à son profit les mines de Sibérie.

*
* *

Le rôle considérable joué dans l'histoire politique
des peuples par les découvertes scientifiques permet
de pressentir les transformations que d'autres découvertes feront surgir.

Sans parler de la libération de l'énergie intra-atomique qui changerait entièrement les conditions d'existence des hommes, on peut dire que la nature contient des forces inutilisées encore, telles que la chaleur solaire, qui seront sûrement captées.

Dans un travail déjà ancien je faisais observer que la machine à vapeur qui utilise à peine la dixième partie du charbon qu'elle consomme était un instrument barbare destiné à figurer comme curiosité dans les musées de l'avenir.

Dès à présent on entrevoit que la force motrice extraite du charbon, sous forme d'électricité, au fond des mines, pourra être expédiée au loin par de simples fils.

*
* *

A côté des forces matérielles dont le rôle créateur est si grand se trouvent des forces immatérielles dont l'action fut toujours considérable et même prépondérante à certaines périodes de la vie des peuples.

Malgré la découverte de vérités éclatantes issues des laboratoires et qui ne se contestent pas, le monde continue à être régi par une série de forces mystiques extériorisées sous forme de croyances religieuses ou politiques et tenues pour d'indiscutables vérités. Elles gouvernent les peuples depuis les origines de l'Histoire et leur forme seule a changé.

Les divinités qui de Jupiter à Bouddha et au Dieu de Mahomet servirent de base à de grandes civilisations ont vu leur prestige pâlir ou disparaître. Mais elles ont été remplacées par des illusions politiques ou sociales auxquelles est attribué un pouvoir magique analogue à celui des anciens dieux.

***

Le mysticisme, qui continue à régir l'âme des peuples, et aussi celle de leurs maîtres, est, comme je l'ai souvent rappelé ailleurs, d'une définition facile. Il se trouve constitué par l'attribution d'un pouvoir surnaturel à des dieux, des dogmes ou des formules. L'homme soumis à une croyance religieuse est un mystique. Robespierre, faisant couper hâtivement des têtes pour établir le règne de la vertu, était un mystique. Mystique au même degré, le communiste persuadé que la réalisation de l'évangile judéo-germanique de Karl Marx ferait surgir le paradis ici-bas.

La force de l'homme dominé par une croyance mystique devient considérable. Rien ne lui semblant au-dessus du triomphe de sa foi, il sacrifiera sa fortune et sa vie pour l'imposer.

Lorsque la foi mystique envahit le champ de l'entendement, aucun argument ne pourrait l'influencer. L'amour maternel lui-même cède devant elle. A l'époque, récente encore, où la secte babiste se propageait en Perse, les femmes, plutôt que de renoncer à leur foi, amenaient elles-mêmes leurs enfants aux bourreaux et les voyaient déchiqueter sous leurs yeux avec une délirante joie. En Russie, il existe encore des sectes où, sous l'empire de leur mysticisme, les hommes et les femmes s'imposent les plus atroces mutilations, et nous ne sommes pas très loin du temps où, dans le même pays, des prophètes persuadaient à des centaines d'hommes de périr avec eux sur des bûchers.

La force du bolchevisme est justement de posséder un certain nombre de convaincus disposés à ravager le monde pour faire triompher leur croyance.

*
* *

Comment naît, grandit et meurt une foi mystique ? J'ai trop souvent traité ce sujet dans mes livres pour y revenir encore. D'une très sommaire façon, on peut dire que la persistance du mysticisme dans l'Histoire tient au besoin irréductible de l'homme de soumettre l'orientation de sa vie à des pouvoirs supérieurs tenus pour infaillibles.

Ce besoin est si fort que dès qu'un peuple perd ses dieux, il cherche aussitôt à les remplacer. La doctrine socialiste possède, aujourd'hui, le pouvoir mystique attribué aux anciennes divinités.

*
* *

Ce rôle du mysticisme dans l'Histoire fut pendant longtemps méconnu, et le mot mysticisme lui-même, de plus en plus usité en politique aujourd'hui, était, il y a une quinzaine d'années à peine, employé presque exclusivement dans un sens religieux. Me trouvant un jour avec Bergson chez Emile Ollivier, nous eûmes une longue discussion sur le vrai sens du mot *mystique*. Bergson m'opposait les dictionnaires accumulés sur une table pour me prouver que ce terme ne pouvait avoir qu'une signification religieuse. Cet avis n'était pas le mien, puisque je venais d'écrire un livre sur *La Révolution Française*, où je montrais le rôle tout à fait prépondérant du mysticisme dans cette grande tragédie.

Je ne convertis naturellement personne, mais je suis certain qu'aujourd'hui, avec les mêmes interlocuteurs, j'aurais plus de succès. Une preuve m'en fut récemment fournie par un petit livre publié sous ce titre: *Une Nouvelle Philosophie de l'Histoire*, écrit par un ancien Normalien, M. Gillouin. Pour ce distingué universitaire, la connaissance du rôle du mysticisme dans l'Histoire fut une grande lumière, comparable à celle qui éclaira saint Paul sur le chemin de Damas.

Les idées ne triomphant en France qu'après avoir passé par l'Université, l'action du mysticisme dans la politique ancienne et moderne deviendra bientôt une vérité classique et se substituera à des interprétations dites rationnelles qui n'expliquaient rien (1).

En fait, le mysticisme domine l'Histoire. Des rives du Nil à celles du Gange, il a peuplé le monde d'êtres divins, imaginaires sans doute, mais assez puissants cependant pour avoir orienté de grandes civilisations.

De nos jours, les dieux personnels ont fait place à des formules mystiques douées de magiques pouvoirs et capables, elles aussi, d'asservir les âmes.

*
* *

Jusqu'à nos jours, une foi mystique n'avait de rivale

----

(1) Aujourd'hui le mot mystique a pénétré dans toutes les harangues officielles. Je l'ai noté deux fois dans un discours du Président du Conseil. Devant la fédération de la Seine du parti républicain socialiste, M. Painlevé a prononcé un discours, où l'influence du mysticisme, est plusieurs fois invoquée : « Quand un parti fait un programme, il doit y verser de la mystique »... si l'on abandonne la mystique des programmes, etc.

possible qu'une autre foi mystique. Il n'en est plus de même maintenant. Des nécessités économiques impérieuses, ignorées de nos pères, se dressent contre les formes diverses du mysticisme.

Mais quelle que soit la puissance des forces économiques nouvelles, aujourd'hui, comme hier et probablement comme demain, les peuples auront besoin d'un idéal mystique pour orienter leur vie. S'ils se tournent vers le socialisme, le communisme et les pires formes de l'illusion, c'est surtout parce que, ayant perdu les idéals qui soutenaient leurs âmes, ils cherchent à en découvrir d'autres, capables d'orienter leurs pensées et leurs volontés.

****

A côté des influences mystiques qui mènent les peuples, il faut placer les influences affectives, c'est-à-dire cette gamme immense des sentiments et des passions qui dirigent la conduite. Comme les forces mystiques elles dominent souvent des forces rationnelles qu'on pourrait croire irrésistibles.

Bien des fois dans le cours de cet ouvrage, nous aurons à montrer combien est faible le rôle de la raison devant les influences mystiques et affectives qui jusqu'ici ont gouverné le monde et continueront longtemps sans doute à le gouverner encore.

CHAPITRE II

COMMENT NAISSENT LES OPINIONS
ET LES CROYANCES
RÔLE DE LA CRÉDULITÉ DANS L'HISTOIRE.

Des âges les plus reculés aux temps modernes,
la crédulité a joué un rôle fondamental dans l'histoire. Elle a créé des divinités puissantes qui ont
orienté les âmes et servi de guide aux grandes civilisations. Elle a fait surgir du néant les pyramides,
les pagodes, les cathédrales et toutes les merveilles
de l'art qui ont embelli la vie. Sans la crédulité,
l'homme vivrait peut-être encore au fond des cavernes,
disputant aux monstres qui l'entouraient sa maigre
pâture.

****

La crédulité antique peupla le monde d'une légion
de divinités de l'existence desquelles on ne doutait
jamais.

Pendant des milliers d'années, ces divinités bien-
faisantes ou nuisibles, redoutables toujours, se mêlè-
rent constamment aux actions des hommes. Quelques
rares philosophes comme Lucrèce avaient bien fini

par douter de leur existence, mais son scepticisme n'avait pas d'écho.

L'histoire des dieux de tous les âges constitue un des plus merveilleux et des plus instructifs phénomènes de la psychologie. Que des peuples arrivés aux phases les plus diverses de civilisation aient pu considérer comme indubitablement prouvée l'existence de divinités purement chimériques, montre clairement que l'imagination est capable de créer des phénomènes illusoires tenus ensuite pour d'incontestables vérités. En dehors des phénomènes scientifiques expérimentalement démontrés, on peut toujours se demander où finit la vérité et où commence l'erreur.

*
* *

Grâce aux lumières de la raison, l'âge moderne se croyait libéré de toutes les illusions du passé, la raison pure devenait son seul guide.

L'observation plus attentive des faits a prouvé cependant la persistance de l'antique crédulité. En dehors des laboratoires, cette crédulité — crédulité religieuse, crédulité politique, crédulité pour toutes les formes du merveilleux, — continue à dominer les esprits.

Et, contrairement à ce qui s'enseigne, la crédulité n'est pas du tout un simple résultat de l'ignorance puisqu'elle s'observe, ainsi que le démontrent les faits relatés dans ce chapitre, chez les plus illustres savants. Les vieilles croyances religieuses, la magie et le spiritisme, trouvent chez eux de fervents adeptes.

Ce phénomène m'avait beaucoup frappé à l'époque où je cherchais à déterminer les sources psychologiques des opinions et des croyances qui ont le plus influencé l'âme des peuples. Comment comprendre la foi d'illustres penseurs dans une religion où l'on voit le Créateur des mondes innombrables qui peuplent l'espace laisser périr son fils dans un affreux supplice, pour racheter la faute de lointains ancêtres. De telles énormités ont été pourtant acceptées par des maîtres de la raison comme Galilée, Descartes et Pascal. Il ne leur a pas semblé prodigieux de voir un Dieu assez féroce pour condamner au feu éternel de faibles créatures ayant oublié un instant d'obéir à ses rigides décrets.

Des croyances du même ordre observées dans toutes les religions, chez tous les peuples, démontrent d'une péremptoire façon que l'absurdité d'un dogme ne saurait nuire à sa propagation et que l'intelligence la plus haute n'empêche pas la croyance dans des dogmes qu'aucun argument rationnel ne saurait défendre.

Nous verrons bientôt l'explication de ce phénomène en constatant que la genèse des connaissances scientifiques et celle des croyances obéissent à des formes de logique différentes superposées quelquefois, mais ne s'influençant jamais. Cette dualité va être étudiée maintenant.

*
* *

En dehors des besoins organiques à la satisfaction desquels est consacrée la plus grande partie de son existence, l'homme est orienté dans la vie par des opinions plus ou moins provisoires et des croyances généralement durables.

Croyances et connaissances sont des opérations mentales fort différentes.

Les croyances ne sont ni rationnelles ni volontaires contrairement à l'opinion de plusieurs philosophes.

Une croyance est un acte de foi d'origine inconsciente qui fait admettre en bloc une doctrine et accepter ses prescriptions.

Le prestige, l'affirmation, la répétition, la contagion mentale et rarement la raison sont les facteurs habituels des opinions et des croyances.

La connaissance diffère beaucoup de la croyance, c'est une opération consciente lentement édifiée par l'observation et l'expérience. L'humanité eut pendant longtemps des croyances avant de posséder des connaissances.

* * *

Croyances et connaissances appartenant à des cycles différents de la vie mentale, ne s'influençant pas, on comprend que des hommes éminents puissent professer d'enfantines croyances. Admettre par exemple, comme d'indiscutables certitudes les plus chimériques réminiscences de la sorcellerie du moyen âge.

Ce serait donc une illusion de croire que la compétence sur certains sujets scientifiques doive s'accompagner d'une compétence égale sur des sujets religieux ou politiques.

Les croyances politiques et religieuses ont des raisons que la logique rationnelle ignore et n'influence guère.

On verra par les exemples qui vont suivre que la crédulité continue à jouer un rôle essentiel dans l'histoire des peuples, c'est pourquoi nous avons consacré un chapitre spécial à son étude.

*
* *

Au moyen âge, les envoûtements, les évocations des morts, le sabbat, le diable, les maléfices, etc., exercèrent une grande influence. De leur pouvoir, nul ne doutait alors. Des milliers d'hommes avouaient leurs relations avec le diable et confessaient, malgré la crainte des supplices, s'être rendus au sabbat.

Les procès de sorcellerie étaient à cette époque si nombreux que les bûchers destinés à brûler vifs les sorciers ne s'éteignaient guère. De savants ouvrages rédigés par des magistrats éminents indiquaient la marche à suivre pour déjouer les maléfices des démons.

Le dernier de ces procès, en France, eut lieu sous Louis XIII. Convaincu d'avoir envoyé une légion de diables dans le corps des Ursulines de Loudun, Urbain Grandier fut brûlé vif après avoir subi les tortures qu'on ne ménageait pas aux suppôts de Satan.

Devant les progrès scientifiques, tout ce peuple de diables, de larves, de fantômes, fils des ténèbres, avait fini par s'évanouir. On croyait les sorciers relégués dans des villages éloignés de toute civilisation.

La crédulité étant indestructible, les illusions ont changé de forme, mais sans disparaître. C'est ainsi que de nos jours on a vu renaître et grandir, sous des aspects à peine différents de ceux du passé, toute l'antique magie : évocation des morts au moyen de tables tournantes, lévitation, matérialisation des esprits, etc.

Des savants célèbres furent victimes de ces illusions. Le grand chimiste William Crookes assure avoir vécu pendant plusieurs mois avec un fantôme qui se matérialisait journellement devant lui. Le distingué physicien anglais Lodge a publié un livre où il relate, avec force détails, l'existence que mène dans un autre monde son fils Raymond, tué à la guerre. Le célèbre physiologiste Richet assure avoir vu et examiné longuement un guerrier casqué sorti du corps d'un médium.

De telles croyances, appartenant au domaine de l'irrationnel, ne peuvent être discutées. Les millions d'hommes persuadés que l'archange Gabriel fut envoyé par Dieu à Mahomet afin de lui enseigner les fondements d'une religion nouvelle ne sauraient être influencés par aucun raisonnement. La foi du croyant, ignorant ou savant, reste inébranlable. Dans le cycle de la foi mystique la raison est sans prise. J'ai pu constater moi-même, par diverses expériences, avec quelle facilité les savants se laissent illusionner dès qu'ils pénètrent dans le cycle du mystique.

*
* *

La crédulité est infinie même sur des sujets de

science pure. Il suffit que les opinions soient suggérées par des hommes auxquels leur situation confère un grand prestige. Les lettres de personnages illustres, fabriquées de toutes pièces par un faussaire peu lettré, et insérées dans les Comptes rendus de l'Académie des sciences, la polarisation des rayons uraniques affirmée par Becquerel et l'existence imaginaire des fameux rayons N en sont de mémorables exemples.

L'histoire des faux autographes est trop connue pour qu'il soit utile de la rappeler. On sait que cette prodigieuse aventure fournit à Daudet les éléments de son roman : *L'Immortel*.

L'histoire de la polarisation supposée des rayons uraniques est aussi caractéristique. Lorsque Becquerel découvrit, en 1895, après Paul de Saint-Victor, les émanations spontanées de l'uranium, il crut se trouver en présence d'une sorte de phosphorescence et il institua des expériences « prouvant catégoriquement suivant lui que les rayons émis se réfractent, se réfléchissent et se polarisent comme ceux de la lumière ».

Cette opinion, que j'étais seul alors à combattre au moyen d'expériences relatées dans mon livre *L'Evolution de la matière*, fut acceptée pendant trois ans par tous les savants de l'Europe et retarda considérablement la découverte des phénomènes radio-actifs. On reconnut finalement, comme je n'avais cessé de le répéter, être en présence d'une force jusqu'alors inconnue, sans parenté avec la lumière à laquelle je donnais plus tard le nom d'énergie intra-atomique.

Le cas des rayons N, que tous les physiciens français crurent voir pendant deux ans et n'aperçurent plus une seule fois quand fut dissipée la suggestion dont ils étaient victimes, est plus instructif encore.

Sans entrer dans tous les détails de leur histoire, je me bornerai à rappeler que la découverte illusoire des rayons N fut faite par un professeur auquel ses titres académiques conféraient un grand prestige. Ce professeur, de tempérament très nerveux, possédait à un haut degré le pouvoir de suggestion particulier plusieurs fois observé, en Europe et dans l'Inde surtout, qui fait admettre comme réalités toutes les affirmations du suggestionneur. C'est ainsi que le physicien Mascart, que délégua l'Académie des Sciences pour aller constater au laboratoire de l'inventeur l'exactitude de ses assertions, fut victime de cette prodigieuse hallucination : mesurer la déviation et la longueur d'onde de rayons qui n'existaient que dans la cervelle du suggestionneur.

Un prix de 50.000 francs fut alors voté par l'Académie pour récompenser l'auteur de cette grande découverte et pendant deux ans les *Comptes rendus de l'Académie des sciences* fourmillèrent de notes où étaient décrites les propriétés chaque jour plus merveilleuses de ces rayons. M. Jean Becquerel annonçait les avoir chloroformés ; M. d'Arsonval faisait à leur sujet des conférences enthousiastes. Mon excellent ami, Emile Picard, en perdait le sommeil.

L'existence de ces rayons ne se constatait d'ailleurs que par de légères variations d'éclat d'une plaque phosphorescente sur laquelle ils étaient projetés. Ce qui explique un peu la suggestibilité des savants croyant les observer.

L'illusion collective fut brusquement dissipée par la célèbre expérience d'un physicien étranger auquel l'inventeur des rayons N montrait la déviation supposée de ces rayons par un prisme. Le prisme ayant été subrepticement retiré dans l'obscurité, l'inventeur des rayons N continua néanmoins à mesurer la prétendue déviation des imaginaires rayons.

L'expérience était catégorique. Elle fut définitive puisqu'aucun des physiciens qui avaient vu tant de fois les rayons N ne parvinrent jamais à les revoir. L'envoi de notes sur ces rayons à l'Académie des sciences cessa brusquement.

Il serait facile de multiplier des exemples analogues du rôle de la crédulité, surtout dans les sciences demi-exactes comme la médecine.

*
* *

Je crois pouvoir résumer dans les propositions suivantes les lois générales de la naissance et de la propagation des croyances :

1° Les cycles du mystique, de l'affectif et du rationnel sont complètement indépendants et ne s'influencent pas.

2° Des savants éminents peuvent perdre tout esprit critique dès qu'ils pénètrent dans le cycle de la croyance.

3° L'absurdité des dogmes — dogmes religieux et politiques. — ne saurait nuire à leur propagation.

4° Les croyances mystiques s'établissent et se propagent par l'influence du prestige, de la suggestion et do la contagion. Le raisonnement ne joue aucun rôle dans leur propagation.

5° La conversion à une croyance mystique se fait souvent instantanément comme celle de Pauline dans *Polyeucte* adoptant brusquement une religion dont elle ne savait d'ailleurs rien et s'écriant : « Je vois, je sais, je crois, je suis désabusée! »

6° Certains sujets possèdent un pouvoir de fascination qui fait admettre comme des réalités toutes leurs suggestions.

7° La caractéristique d'une croyance mystique quelconque est de n'être influençable ni par l'observation, ni par l'expérience, ni par le raisonnement.

8° La foi créée par la suggestion n'est ébranlée que par une suggestion plus forte. Le croyant ne renonce alors à sa croyance que pour en adopter une autre du même ordre.

9° Certaines croyances politiques, telles que le socialisme et le communisme, se répandent surtout parce que, possédant tous les caractères des croyances religieuses, elles créent rapidement la foi.

10° Le croyant éprouve toujours un besoin intense de propager sa foi et sacrifie volontiers sa vie et celle des autres pour la faire triompher.

11° La vision d'un phénomène d'ordre mystique par de nombreux témoins ne prouve rien en faveur de sa réalité. Les témoignages des milliers d'hommes ayant vu le diable et assisté au sabbat n'ont jamais constitué une preuve de l'existence du diable et du sabbat.

12° L'origine mystique des croyances les différencie des simples opinions. Ces dernières sont constituées par l'adhésion momentanée à une proposition. C'est pourquoi l'expérience, sans action sur la croyance, réussit à modifier les opinions.

13° Les dieux périssent quelquefois, mais l'esprit mystique reste indestructible.

CHAPITRE III

LES CONFLITS
ENTRE LES VIVANTS ET LES MORTS

Parmi les éléments divers qui orientent la vie des peuples il faut encore citer, à côté des besoins matériels et des influences mystiques, l'impérieuse volonté des morts.

La psychologie, qui n'examinait jadis que l'âme des vivants, commence à étudier celle des morts dont l'invisible armée domine le monde et gouverne l'Histoire.

Ce n'est pas, en réalité, dans les cimetières que reposent les morts. Continuant à vivre en nous-mêmes, ils sont les vrais maîtres de la plupart de nos actions. Quand nous croyons agir librement, nous obéissons, le plus souvent, à leurs volontés.

Cette armée des morts représente ce qu'on appelle très justement l'âme d'une race, âme d'autant plus forte que la collectivité constituée par les morts est plus homogène.

Sa formation n'est pas l'œuvre d'un jour. Stabiliser une race au moyen de morts possédant des volontés communes et agissant, par conséquent, d'identique façon dans les circonstances importantes, demande généralement des siècles.

*
* *

Comment se forme l'âme d'une race?

Une masse d'hommes assemblés au hasard des invasions ou des conquêtes représente une simple poussière d'individus, momentanément agrégée par la volonté d'un chef. La poussière se désagrège dès que le chef disparaît ou que sa puissance faiblit.

Pour qu'une multitude devienne un peuple, il faut qu'elle ait subi, comme en Prusse, une discipline militaire rigoureuse, ou qu'elle ait accepté pendant des siècles, comme en Angleterre, un réseau de traditions, de coutumes et de croyances identiques.

Lorsque les caractères psychologiques d'une race sont suffisamment fixés, ils se transmettent par l'hérédité avec autant de régularité que les caractères anatomiques. L'agrégat d'individus, d'abord sans cohésion, possède alors une âme ancestrale qui lui donne une même orientation de conduite.

A cette âme ancestrale, inconsciente, constituant l'armature mentale de la race, se superpose l'âme individuelle consciente sans cesse modifiée par le milieu, les événements, l'éducation, etc.

Cette âme individuelle présente souvent la mobilité des vagues de la mer, mais, chez les races stabilisées, ses oscillations sont limitées par l'influence de l'âme ancestrale.

***

Les morts ont leur psychologie. Elle diffère de celle des vivants par certains caractères, — notamment la fixité.

Toujours conservateurs, les morts possèdent des volontés impérieuses qui ne fléchissent pas.

Leur action se manifeste surtout lorsque les intérêts de la race, c'est-à-dire la vie des morts, est aussi menacée que celle des vivants. Ce furent les morts qui, en 1914, obligèrent tout un peuple surpris par une mobilisation imprévue à renoncer instantanément à ses intérêts journaliers pour marcher à la frontière.

Aucun des socialistes ayant juré de faire grève en cas de guerre ne récula. Pourquoi? Leur obéissance spontanée fut-elle le fruit de réflexions rationnelles? En aucune façon. Elle eut pour unique source l'irrésistible volonté des morts.

Les haines des morts sont redoutables. Ils ne supportent pas les vivants qui ne sentent pas comme eux. C'est l'armée des morts qui força l'Angleterre à donner la liberté à l'Irlande, et les peuples de l'Autriche à se diviser en Etats distincts. Le rôle des morts dans les origines de la dernière guerre fut considérable.

La puissance des morts est si forte qu'elle ne peut être détruite que par celle d'autres morts. C'est justement ce qui arrive lorsqu'on croise des individus de races diverses. Les morts d'origines différentes ne s'accordant pas imprîment à l'âme consciente des impulsions contradictoires. C'est pourquoi les croisements sur une grande échelle dissocient rapidement l'âme ancestrale. Flottant entre des influences contraires, un peuple de métis est comparable au vaisseau voguant sans gouvernail au gré des vents.

C'est pour avoir méconnu ces principes que les Espagnols perdirent toutes leurs colonies alors que les Anglais, qui ne se mélangent pas aux indigènes, ont conservé les leurs.

Les observations précédentes, vérifiées par des expériences séculaires, conduisent à une loi fondamentale de la politique moderne que beaucoup d'hommes d'État semblent ignorer et qu'on peut formuler de la façon suivante :

Les institutions politiques d'un peuple jouent un rôle très faible dans la vie de ce peuple. Son âme ancestrale, et non les institutions qu'on voudrait lui imposer, oriente sa destinée.

Inutile d'invoquer des faits historiques pour justifier cette assertion. Il suffit de considérer des pays voisins soumis à des institutions identiques, mais formés de races différentes. Tel est, précisément, le cas de l'Amérique.

Elle forme deux grands continents presque entièrement séparés : les Etats-Unis d'Amérique du Nord, habités par des Anglo-Saxons, et les Etats de l'Amérique du Sud, peuplés d'Espagnols plus ou moins mélangés d'éléments indigènes.

Bien que toutes les Républiques latines de l'Amérique aient adopté les institutions politiques des Etats-Unis : séparation des pouvoirs, ministres, parlement, liberté de la presse, c'est-à-dire toute la façade des institutions démocratiques, elles n'ont pu arriver à aucune stabilité. Des dictatures absolues sont restées, jusqu'à présent, leur seul régime réel.

De ce qui précède, on déduit facilement qu'une grande différence existe entre les peuples dont l'âme a été fixée par un long passé et ceux dont l'âme ne l'est pas encore. Les premiers peuvent, comme les seconds, subir des révolutions violentes; mais le passé, c'est-à-dire l'action des morts, reprend bientôt son empire. Ce fut justement le cas de l'Angleterre lorsque le hasard des élections amena les socialistes au pouvoir. Leur gouvernement différa bien peu de celui des conservateurs.

La stabilisation de l'âme d'une race par l'escorte de ses morts lui confère une grande force, mais cette stabilisation peut devenir, si les morts sont par trop influents, une cause d'arrêt et même de décadence. Si les pays sans passé, et par conséquent sans âme stable, sont à la merci de tous les hasards et sans lendemain assuré, les nations trop stabilisées, c'est-à-dire dont l'élément conservateur est trop actif, ont souvent beaucoup de difficulté à réaliser des progrès. Fréquemment en retard, elles n'arrivent parfois à s'adapter aux nécessités nouvelles qu'au prix de révolutions violentes.

Les morts étant très conservateurs entrent parfois en lutte avec les vivants, condamnés au changement par les variations de milieu. Les peuples oscillent alors entre des combinaisons politiques extrêmes, suivant que les vivants ou les morts ont momentanément triomphé.

*
* *

Ces conflits entre les vivants et les morts furent observés en France comme en Angleterre, mais beaucoup plus fréquemment dans le premier de ces pays, dont l'unification est incomplète encore. Depuis cent cinquante ans, nos révolutions n'ont été séparées les unes des autres que par un petit nombre d'années. A la grande révolution qui prétendait établir l'égalité et la liberté, succède un dictateur militaire qui supprime toutes les libertés et rétablit, par la noblesse qu'il institue, les anciennes inégalités. Il est remplacé par des souverains prétendant ramener plus ou moins l'ancien régime, puis par un roi constitutionnel que renversent les révolutionnaires socialistes. Ces derniers finissent par effrayer tellement la nation que l'immense majorité du peuple acclame un dictateur dont les erreurs psychologiques conduisirent la France à la ruine après une prospérité passagère.

La République qui le remplaça dure depuis plus de cinquante ans; mais si elle évita les révolutions dynastiques, elle n'empêcha nullement les changements de régime. Sur une dizaine de présidents de la République, la moitié furent forcés de quitter le pouvoir et les formes du gouvernement oscillèrent entre le conservatisme excessif, sous la présidence d'un célèbre maréchal, et le radicalisme non moins excessif durant la longue période des persécutions religieuses.

La grande guerre mit momentanément fin à ces

dissensions. Elles reprirent bientôt et la France est retombée encore dans ses perpétuelles oscillations entre l'anarchie et la réaction.

Elle se trouve actuellement dans une période où dominent les influences extrémistes : menaces contre le capital et l'industrie, luttes de classes, persécutions religieuses en Alsace, etc. Toutes ces dissensions résultent des conflits entre les vivants et les morts.

CHAPITRE IV

LES CONSÉQUENCES POLITIQUES DES ERREURS DE PSYCHOLOGIE

Le rationalisme kantien, qui fait le fond de la philosophie universitaire, cherche toujours à expliquer par la logique rationnelle des événements auxquels, en réalité, cette logique fut toujours étrangère.

Le savant, dans son laboratoire, a comme base de ses raisonnements l'expérience et l'observation. Les multitudes raisonnant fort peu n'ont que des opinions suggérées.

En dehors des sujets purement scientifiques, les hommes les plus instruits n'ont pas souvent des opinions mieux fondées que celle des foules. C'est pourquoi leur conduite politique est parfois si chargée d'erreurs.

*
* *

A ne considérer même que quelques-uns des événements accomplis depuis cent cinquante ans, on pourrait dire que notre histoire est, en grande partie, créée par des erreurs de psychologie.

Ce furent des erreurs de cette nature qui conduisirent Napoléon à entreprendre les campagnes d'Espagne et de Russie, qui préparèrent sa chute. Une autre erreur de psychologie détermina Charles X à faire afficher les ordonnances qui le renversèrent.

Une erreur de psychologie plus importante encore conduisit Napoléon III à favoriser l'entreprise de la Prusse contre l'Autriche, qu'un mot de lui pouvait facilement empêcher. L'erreur d'où résulta Sadowa devait bientôt engendrer Sedan, qui provoqua la fin de l'Empire.

Cette erreur si chargée de conséquences ne fut pas seulement une erreur impériale, mais une erreur collective, car la majorité des Français, y compris les journalistes influents et les universitaires, accueillirent avec enthousiasme la victoire de la Prusse.

La défaite de l'Allemagne en 1918 est également la conséquence d'une lourde erreur de psychologie commise par l'empereur Guillaume. Il croyait raisonner très juste en supposant qu'un peuple de marchands sans armée, enrichi par son commerce avec les belligérants, n'aurait jamais l'idée d'entrer dans une guerre qui, d'ailleurs, ne l'intéressait nullement. On pouvait donc impunément torpiller les vaisseaux dépassant les limites fixées.

Rationnellement assez juste, cette argumentation était très fausse au point de vue de la logique collective. Plus familier avec les lois de cette logique spéciale, le kaiser eût compris que l'amour-propre blessé d'un peuple lui fait oublier tous ses intérêts. Il fut vaincu, en réalité, pour avoir ignoré que les lois de la logique rationnelle et celles de la logique collective n'ont pas de commune mesure.

Prétendre appliquer la logique rationnelle à l'interprétation de la conduite des peuples conduit, le plus souvent, à de graves erreurs. On le vit une fois encore avant la guerre de 1914, lorsque les socialistes, appuyés par plusieurs professeurs éminents de la Sorbonne, affirmaient qu'une guerre avec l'Allemagne étant rationnellement impossible, il fallait réduire les armements.

*
* *

La psychologie enseigne l'art difficile de manier les foules et de transformer au besoin leurs sentiments. Shakespeare en donne un exemple frappant dans le discours attribué par lui à Antoine haranguant la foule devant le cadavre de César. Bismarck en fournit un exemple probablement plus réel lorsque, utilisant l'irritabilité du peuple français, il falsifia quelques mots d'une dépêche inoffensive dans le but de provoquer une explosion de fureur nationale assez forte pour déclencher la guerre dont ne voulaient ni le roi de Prusse, ni l'empereur des Français.

L'art de gouverner est, en grande partie, formé de la connaissance des réactions collectives sous l'influence d'excitations diverses.

Ces réactions sont soumises à des lois générales qu'il serait facile de déterminer, si elles étaient identiques d'un peuple à un autre. Mais elles varient suivant les races. Anglais, Français, Espagnols, etc., réagissent différemment sous des excitations identiques. Bismarck n'eût probablement pas obtenu en Angleterre, avec sa dépêche falsifiée, les mêmes résultats qu'en France.

***

Ce n'est pas seulement parce que les lois de la psychologie individuelle n'ont que de lointains rapports avec celles de la psychologie collective que le gouvernement des hommes est si difficile.

Cette difficulté est accrue par le phénomène des transformations de personnalités, qui se manifeste à certains moments de la vie des peuples, notamment pendant les grandes périodes révolutionnaires.

Contrairement aux idées généralement admises, la personnalité de chaque être n'est qu'une synthèse, ou même qu'une simple addition de personnalités multiples superposées. Ces diverses personnalités se manifestent quand les circonstances de la vie viennent à changer.

La constance apparente de notre individualité résulte simplement de la constance du milieu où nous vivons. Encadré par le groupe social dont il fait partie et ses occupations journalières, l'homme ne change guère. Si, au contraire, les circonstances viennent à se modifier, il sera transformé ; l'homme doux pourra devenir violent ; le pacifiste, belliqueux ; le vertueux verra se désagréger ses vertus.

J'ai, jadis, appliqué cette conception à l'interprétation de la conduite des grandes assemblées de la révolution française. Elle seule permettait d'expliquer comment des bourgeois pacifiques : notaires,

magistrats, médecins etc., devinrent des êtres sangui-
naires faisant couper des têtes par milliers, arracher
les restes des rois de leurs tombeaux, briser des
monuments précieux, etc. La tourmente passée, les
mêmes hommes, devenus les serviteurs dociles de
Napoléon, n'arrivaient pas à s'expliquer leur conduite
antérieure. Avec la rudimentaire psychologie de
l'époque, ils ne pouvaient la comprendre.

*
* *

Si les personnalités nouvellement formées s'évanouissent avec la disparition des événements qui les
avaient fait surgir, la persistance des mêmes événements peut maintenir ces personnalités nouvellement
formées pendant un temps très long.

Les illusions religieuses et politiques semblent
avoir le privilège de créer et de maintenir les personnalités officielles durables.

La grève prolongée des mineurs, qui ébranla les
fondements de l'Empire Britannique, montre les
changements possibles que les mentalités même très
stables peuvent subir, malgré la puissance des influences ancestrales. Des changements plus profonds
encore furent jadis créés dans l'âme britannique sous
l'influence religieuse de la Réforme.

L'histoire de la révolution russe fournit d'autres
exemples de telles transformations, exemples moins
probants, d'ailleurs, parce que l'âme slave est
restée trop amorphe pour avoir jamais pu subir une
stabilisation durable.

***

Si les grandes variations de personnalités observées pendant les révolutions sont généralement sans
durée, c'est que l'âme de la race agit bientôt pour
ramener à l'état normal les personnalités momentanément formées.

Mais dans les cas de cataclysme prolongé comme
celui de la dernière guerre, l'âme de la race étant
atteinte, sa reconstitution demande parfois la durée
d'une génération.

Nous sommes justement à une de ces périodes
d'altération prolongée des personnalités. La jeunesse
conçue à l'époque des combats, aussi bien que celle
influencée par ces combats diffèrent notablement
des générations précédentes.

L'idéal de la jeunesse actuelle n'est pas bien nouveau, puisqu'il est identique à celui que pratiquaient
les jeunes Romains au temps d'Horace et que résumait
la maxime : *Carpe diem*. Elle est misérable et ambi-
tieuse. Peu soucieuse de la valeur des théories politiques, elle se tourne vers les chefs capables de servir
ses aspirations.

***

Malgré tous les progrès réalisés, la psychologie en
est encore à une période aussi rudimentaire que
l'était l'alchimie avant de devenir la chimie. Le jour
où elle constituera une science, les hommes d'État
sauront éviter les formidables erreurs politiques dont
est tissée l'Histoire.

LIVRE II

LES ILLUSIONS SUR LE PROBLÈME
DE LA SÉCURITÉ

CHAPITRE PREMIER

LES RIVALITÉS DES PEUPLES
ET LES ILLUSIONS PACIFISTES

Tous les peuples sont avides de paix et cependant ils ne réussissent pas à s'unir pour la maintenir, même au sein de leur propre pays. De grandes nations restent divisées en partis politiques ne cherchant qu'à s'arracher des lambeaux de pouvoir et disposés à sacrifier le sort de leur patrie, aussi bien que celui du monde, au triomphe de vains principes. De nouveaux petits États, formés aux dépens de l'antique monarchie autrichienne et dont l'existence économique est chaque jour plus difficile, ne songent qu'à conquérir des lambeaux de territoires sur leurs voisins. Aux limites orientales de l'Europe, un immense empire, retombé dans la barbarie sous l'influence d'illusoires doctrines, menace la paix du monde. Plus loin encore la fourmilière asiatique est prête à se dresser contre une Europe que des rivalités intestines empêchent d'apercevoir le danger.

**

Nous avons souvent rappelé que les nécessités industrielles de l'âge actuel ont créé une interdépendance des peuples qui devrait les rendre solidaires les uns des autres et, par conséquent, les conduire à s'entr'aider au lieu de s'épuiser en d'inutiles luttes. Mais ces nécessités, étant d'ordre purement rationnel, restent encore sans action sur les sentiments et les passions régissant la conduite des foules.

Cette interdépendance est cependant telle qu'un gouvernement ne peut plus prendre la moindre mesure sans qu'elle entraîne des répercussions dans le monde entier.

Si les grandes civilisations survivent aux bouleversements que nous traversons la solidarité des peuples deviendra une loi universelle. Mais, avant qu'elle puisse régner, il faut vivre avec les réalités de l'heure présente et tâcher de se protéger contre les menaces que nous voyons grandir.

Sur l'existence de ces menaces, les erreurs sont redoutables. Le souvenir de ce que coûtèrent à la France les illusions pacifistes qui précédèrent la catastrophe de 1914 devrait servir de leçon.

*
* *

Pour résoudre le formidable problème du maintien de la paix, il semblerait suffisant d'amener plusieurs nations à déclarer qu'elles s'associeraient contre un futur agresseur.

Cette conception primitive de garantie est due, on le sait, au président Wilson. D'après son projet, les Etats-Unis et l'Angleterre devaient s'engager à se ranger aux côtés de la France si l'Allemagne l'attaquait de nouveau. Dans ces conditions, l'empire germanique n'aurait pu songer à une guerre de revanche et la paix se fut trouvée ainsi garantie au moins pour quelque temps.

Rien de plus simple, en apparence, mais en apparence seulement. Malgré les conseils humanitaires du président Wilson, le Parlement des Etats-Unis refusa énergiquement d'accepter son projet.

Les différences de mentalité des divers peuples constituent les principaux motifs qui empêchèrent les grandes nations de s'unir pour fonder la paix alors même que la raison leur en prouvait la nécessité.

Une trentaine de conférences ont déjà montré l'impossibilité pour des peuples de mentalité et d'intérêts dissemblables de s'associer dans un but commun.

Que les conceptions des anciens alliés de la France soient justes ou injustes, force est bien d'en tenir compte. Les idées de droit et de justice varient entièrement, d'ailleurs, suivant les peuples qui les invoquent.

Il est donc politiquement inutile de prétendre imposer les idées d'un peuple à un autre lorsque la mentalité de ces deux peuples est différente.

N'oublions pas d'ailleurs qu'à l'heure où la réalité surgit, les formules établies en temps de paix deviennent généralement dépourvues d'efficacité. On sait combien furent vaines, quoique universellement acceptées, les décisions humanitaires du tribunal de La Haye, prétendant raréfier les guerres et rendre plus humaines celles qui pourraient naître. Elles n'empêchèrent aucun conflit, et, loin de se caractériser par son humanité, la dernière guerre fut la plus sauvagement féroce de toutes celles enregistrées par l'histoire. Elle s'avéra féroce surtout pour ceux qui voulurent d'abord respecter les conventions de La Haye devant un ennemi ne les respectant pas.

Vénérons l'idéal pacifiste, tout en le considérant comme lointain, irréalisable actuellement et sans efficacité possible contre les passions et les haines qui animent encore les peuples.

*
* *

La grande difficulté pour les nations est de rester unies au dedans pour n'être pas vaincues au dehors.

Les philanthropes, rêvant d'une paix universelle fondée sur la fraternité supposée des nations, croient volontiers les mentalités de tous les peuples identiques et ces peuples séparés seulement par des différences d'intérêts.

Les divergences d'intérêts sont profondes évidemment, mais celles des mentalités plus profondes encore.

Les nombreuses conférences réunies depuis la paix suffiraient à montrer, je le disais plus haut, combien les incompatibilités de sentiments et de pensées entre peuples sont irréductibles. Des mots semblables n'éveillant pas les mêmes idées dans les divers esprits, une incompréhension totale domine leurs relations.

Les conférences, congrès, etc., ont également prouvé à quel point les forces rationnelles restent impuissantes à diriger la conduite des peuples. L'humanité a vu naître des cerveaux capables de calculer le poids des astres et de capter la foudre, mais dans le domaine de la vie sociale, elle a compté bien peu d'esprits sachant orienter utilement la destinée des nations.

Ce n'est pas dans les trente conférences réunies depuis la paix qu'il faudrait chercher de tels cerveaux. Sans doute les collectivités sont intellectuellement très médiocres, mais lorsqu'elles se composent d'hommes appartenant à des races différentes, leur infériorité mentale est plus manifeste encore.

C'est seulement à la lumière de ces notions, et en n'oubliant pas que la France et l'Angleterre ont été en lutte pendant des siècles, — sans même parler des vingt ans de guerre contre Napoléon — qu'on peut expliquer l'insuccès des conférences destinées à concilier les peuples.

On remarquera, du reste, que ces conférences ont révélé une grande continuité dans la politique de certains peuples. Quels qu'aient été, en Angleterre, les partis au pouvoir : conservateurs, libéraux, socialistes même, ils ont tous pensé et agi d'une façon identique. Grâce à cette continuité l'Angleterre obtint dans ces conférences tout ce qu'elle pouvait souhaiter.

Après une des conférences internationales tenues à Londres sous la présidence d'un gouvernement socialiste, les délégués furent invités à voir évoluer cent cuirassés formidablement armés. Ils comprirent alors sans d'inutiles discours que l'Angleterre entendait conserver sur l'Europe l'hégémonie conquise par la guerre et qu'exerçait jadis l'Allemagne.

*
* *

On ne saurait trop insister sur l'incompatibilité mentale entre peuples, dont les politiciens tiennent parfois si peu compte et qui, cependant, domine leurs relations. Elle se manifeste dès que des hommes de races différentes sont réunis dans un congrès pour discuter leurs intérêts ou leurs doctrines.

Quelle que soit l'incompréhension réciproque des peuples, les guerres sont devenues si meurtrières et si coûteuses, qu'ils hésiteront sûrement pendant quelque temps encore avant de se jeter les uns contre les autres.

Les guerres modernes diffèrent beaucoup d'ailleurs, par leurs conséquences, de toutes les guerres antérieures, notamment celles du premier Empire, qui les dépassèrent cependant en durée, et les égalèrent parfois en violence.

Les longues luttes de la période napoléonienne n'appauvrirent pas l'Europe parce que leur fin coïncida avec des découvertes capitales, telles que la force mécanique du charbon, qui permit d'accroître immensément la puissance et la richesse des peuples.

J'ai montré ailleurs qu'au début de la grande guerre, la puissance motrice de la houille annuellement extraite en Allemagne représentait le travail qu'auraient pu produire neuf cent cinquante millions d'ouvriers (1).

Les volontés des rois dominaient, jadis, la vie des nations, et les guerres résultaient surtout du désir de conquérir des provinces ou de propager des croyances. Aujourd'hui, les volontés des peuples ont remplacé celles des rois, mais les conflits ne deviennent pas plus rares : ils sont simplement plus meurtriers, non pas seulement en raison de la découverte d'armes nouvelles, mais surtout parce que les progrès des idées démocratiques ont conduit à remplacer les petites armées de jadis par des effectifs de plusieurs millions d'hommes, comprenant toute la partie valide d'une population.

L'interdépendance économique des peuples les aidera-t-elle sinon à s'aimer, au moins à se supporter ?

Qu'un gouvernement soit monarchique, démocratique, communiste ou théocratique, il n'importe. Sa

---

(1) Voir, pour les détails de ces calculs, les *Enseignements psychologiques de la guerre*, 36ᵉ édition, chez Flammarion.

conduite se trouve aujourd'hui, directement ou indirectement, réglée par des volontés étrangères sur lesquelles il est sans action. Rien ne sert à un peuple de souhaiter la paix si ses voisins veulent la guerre.

Et c'est pourquoi l'incertitude dominera longtemps encore les relations internationales. Malgré de prodigieuses découvertes l'âge moderne reste toujours soumis aux influences de l'antique barbarie.

CHAPITRE II

LES ILLUSIONS SUR LE DÉSARMEMENT
ET LES ALLIANCES

Lorsque, après la plus effroyable des guerres dont l'Histoire ait gardé la mémoire, fut signé le traité de Versailles, les peuples restèrent convaincus que, grâce aux combinaisons savantes imaginées par le président Wilson et son escorte de professeurs, une ère de paix profonde allait s'ouvrir pour le monde.

Jour après jour toutes ces espérances se sont évanouies. Les conflits à coups de conférences entre les anciens alliés ont remplacé les luttes à coups de canons contre l'ennemi commun. Les menaces de guerre surgissent partout. L'enfer, que l'on croyait appartenir au passé, reparaît à l'horizon.

De ces désillusions est né un mécontentement universel qui réagit sur tous les éléments de la vie politique et sociale. Les peuples se tournent vers les rhéteurs faisant luire à leurs yeux de nouvelles espérances.

Les causes d'inquiétude sont tellement connues qu'il suffira de les rappeler brièvement. Cette énumération montrera surtout le rôle des illusions dans la vie des peuples.

*
* *

La question du désarmement, qui a provoqué tant de congrès, est une de celles qui met le mieux en évidence le pouvoir des illusions dont je viens de parler.

Tous les projets de désarmement visent, naturellement, l'Allemagne, mais les solutions proposées restent bien enfantines.

Prétendrait-on priver l'armée allemande de ses canons et de ses fusils? Elle n'aurait alors qu'à en fabriquer dans le voisinage des frontières qui séparent la Prusse Orientale de la Russie. Voudrait-on l'empêcher de fabriquer des explosifs? C'est complètement impossible, puisque les plus dangereux de ces explosifs — la nitro-glycérine, par exemple — s'obtiennent avec un simple mélange de produits absolument inoffensifs quand ils sont séparés et d'un usage courant dans l'industrie. Songerait-on à interdire la fabrication d'avions de guerre? Mais un avion de guerre n'est autre chose qu'un avion de commerce dont les marchandises ont été remplacées par des explosifs ou des canons.

Il est donc de toute évidence qu'on ne saurait espérer désarmer l'Allemagne et, en fait, toutes les commissions de surveillance n'ont absolument rien obtenu.

Les projets de désarmer l'Allemagne, ou d'ailleurs un peuple quelconque, sont donc entièrement illusoires.

L'espoir d'une paix obtenue par des alliances semble aussi chimérique. J'ai plusieurs fois montré combien était faible leur utilité et rappelé notamment une réflexion de M. Iswolski, alors ambassadeur de Russie, me conseillant de supprimer comme trop évident, dans mon petit livre d'aphorismes qu'il traduisait en russe, un passage où je montrais que les alliances ne survivent pas à la disparition des intérêts qui les firent naître.

Nombreux dans l'histoire furent les cas analogues à celui de l'Italie qui, dans la dernière guerre, se tourna, je le rappelais plus haut, contre l'Allemagne, malgré son traité d'alliance avec cette puissance, dès que ses intérêts lui prouvèrent l'utilité de changer de camp.

En matière d'alliance, les intérêts des peuples constituent, on ne saurait trop le redire, leur seul guide.

Connaissant les intérêts de la politique anglaise, on voit de la plus indubitable façon qu'avec ou sans traité de garantie, la Grande-Bretagne serait obligée, sous peine d'être bientôt attaquée elle même, de s'allier à la France en cas d'agression germanique. Les concessions faites pour obtenir une alliance britannique étaient donc parfaitement inutiles,

Nos gouvernants ont eu certainement raison de donner satisfaction aux aspirations populaires en réclamant avec énergie, dans d'innombrables congrès, le désarmement et la sécurité par les alliances. Mais ces congrès ne pouvaient conduire à aucun résultat pratique, étant données les divergences d'intérêts et de mentalité en présence. Leur seul effet utile fut de créer les espérances illusoires dont les foules semblent ne pouvoir se passer.

Il serait fort dangereux de prendre ces espérances pour des certitudes. Si, grâce au pacte de garantie tant de fois réclamé, les peuples se croyaient assurés de la paix, leurs représentants au Parlement demanderaient aussitôt de telles réductions du service militaire que nos effectifs deviendraient vite des milices impuissantes, comme toutes les milices, devant une armée disciplinée.

La croyance aveugle dans une paix assurée aurait d'autres conséquences encore. La France est, actuellement, divisée en partis politiques que séparent d'irréductibles haines et d'inconciliables aspirations. Le seul facteur maintenant encore un peu d'union entre ces partis est la crainte d'un ennemi qui profiterait de leur désunion.

Les philosophes n'oseraient pas d'ailleurs affirmer qu'une paix assurée serait un bienfait. Les lignes suivantes d'une grande revue étrangère n'ont rien de trop paradoxal :

« Des philosophes soutiendront sans peine que partout où il y a vie, il y a guerre, et qu'on ne peut concevoir la paix universelle que sous la forme d'un despotisme universel courbant tous les hommes sous le même joug. »

Ce fut, d'ailleurs, par un despotisme semblable que l'Empire romain réussit, pendant plusieurs siècles, à faire régner la paix. Elle ne devint générale que le jour où le monde n'eut plus qu'un seul maître.

***

Il était intéressant de connaître l'avis d'hommes d'État éminents et de savants professeurs sur les questions qui précèdent. M. Ludovic Naudeau a justement publié les opinions de quelques-uns d'entre eux dans un livre fort intéressant : *La guerre et la paix*. Nous reproduisons ici plusieurs extraits de son enquête. On y verra qu'une grande incertitude règne dans les esprits et que, même chez les professeurs distingués, les idées chimériques restent prédominantes.

C'est par M. Aulard, ancien professeur à la Sorbonne, que débute la série des réponses.

Suivant lui, « la France ne peut avoir de sécurité que dans une fédération européenne faisant partie de la Société des Nations ».

L'auteur oublie d'indiquer les moyens d'assurer cette problématique fédération, et c'est pourquoi, comme il le reconnaît lui-même, sa réponse « est vague et insuffisante ».

M. Seignobos, également professeur à la Sorbonne, est moins précis encore. Il fait remarquer que les questions qui lui sont posées portent sur l'avenir.

« Or, dit-il, la prévision de l'avenir suppose des lois. Il n'y a pas de lois de l'Histoire, puisque l'évolution humaine, objet de son étude, ne s'est produite qu'une seule fois. » Il espère que « la guerre pourra disparaître comme a disparu l'esclavage » et considère comme possible la formation « d'une morale internationale qui rende tous les peuples incapables de désirer la guerre ».

Le problème de la sécurité se ramène, suivant lui, « à empêcher les gouvernements de faire la guerre aux peuples » ; pour y arriver, « il suffirait : 1° De désarmer tous les grands États, les seuls capables de vouloir la guerre; 2° De supprimer toute fabrication d'armes ».

Rien, on le voit, de plus simple !

M. de Launay, de l'Académie des Sciences, est moins chimérique et considère comme illusoires les moyens proposés pour assurer la sécurité.

« La guerre, dit-il, serait, malgré son horreur, l'état normal de tous les êtres vivants. Jusqu'à la création d'une humanité supérieure, nous devrons nous contenter de trêves et chercher par tous les moyens matériels et moraux à assurer une sécurité sans cesse menacée. Comment s'attendre aux progrès de la fraternité générale quand on assiste chaque jour, dans son propre pays, au développement rapide de la haine entre concitoyens ?... Je reste partisan des ententes économiques et coloniales avec l'Allemagne... »

L'auteur conclut en disant :

« Si nous avons la moindre prudence, il faut nous tenir sur la défensive armée. »

M. Maurice Bompard, ambasseur de France, a également une faible confiance dans le Tribunal de La Haye et la Société des Nations.

« Le système de la Société des Nations, dit-il, n'assure pas la sécurité, pas plus que celui de l'équilibre européen ne l'a jamais fait... Malheur au peuple qui désarmerait en comptant uniquement sur un acte diplomatique pour sauvegarder son indépendance. La sécurité est un problème des plus terre à terre qui ne relève pas de la métaphysique. Il n'a jamais pu, jusqu'ici, être résolu abstractivement, et les peuples qui ne lui ont pas donné la solution simple et pratique qui s'impose encore aujourd'hui ont disparu de la surface du globe sous les coups de nations, plus barbares peut-être, mais, en tout cas, plus énergiques. »

M. Painlevé (1), membre de l'Académie des Sciences, et ministre de la guerre, arrive à des conclusions presque identiques. Tout en se refusant à croire que :

« Les peuples ne s'aperçoivent pas que les guerres ne résolvent rien, n'arrangent rien et n'engendrent qu'un appauvrissement général de l'humanité ».

Il ajoute :

« Tout en nourrissant l'ardente espérance de n'avoir jamais à s'en servir, la France, dans l'intérêt même de la paix, est obligée de maintenir sur ses flancs une cuirasse chaque jour retrempée. »

*
* *

Si, des citations qui précèdent, sont éliminées les idéologies pacifistes qui ne feraient que faciliter les projets de revanche germanique, on constate que des hommes éminents, de partis fort divers, s'accordent pour affirmer que la seule possibilité de sécurité actuelle réside dans un armement suffisant pour ôter à d'autres peuples l'idée d'attaquer leurs voisins.

La défense n'est d'ailleurs réalisable que si les partis politiques qui divisent la France arrivent à s'unir contre l'ennemi commun. Un des plus sûrs enseignements de l'Histoire est que les peuples

---

(1) Il est permis de ne pas partager les idées politiques de M. Painlevé, mais on ne peut contester que cet illustre savant possède une grande indépendance d'esprit. J'en eus moi-même la preuve lorsque à la suite de mes recherches expérimentales sur la dématérialisation de la matière considérée alors comme impossible, il publia, en tête de *La Revue Scientifique* de janvier 1906, un grand article intitulé : « Réflexions à propos de la Théorie de la Matière de Gustave Le Bon. » Il y défendait mes idées, sans tenir compte de l'opposition générale, à cette époque, de ses confrères de l'Académie des Sciences.

désunis disparaissent bientôt de la scène du monde. La Grèce dans les temps antiques, les Républiques italiennes au Moyen Age, la Pologne dans les temps modernes, furent réduites en servitude par suite de leurs dissensions intestines.

La grande force politique d'un peuple réside dans son unité de sentiments et de pensées. Quand cette unité est perdue, il a tout perdu.

CHAPITRE III

LES ILLUSIONS SUR LA VALEUR DES ARBITRAGES

Les opinions collectives formulées dans les diverses réunions de la Société des Nations sont encore trop vagues pour justifier les espoirs qui accompagnèrent la naissance de cette société. Ses comptes rendus sont cependant très intéressants car ils révèlent la pensée réelle des représentants de chaque pays.

Des discours prononcés à Genève, un des plus caractéristiques fut celui du chef du gouvernement anglais de cette époque, le socialiste Mac Donald. Il suffirait à montrer combien sont grandes parfois les illusions des gouvernants.

La thèse fondamentale du premier ministre britannique était que l'arbitrage suffirait à établir une paix certaine dans le monde.

Les esprits assez simples pour supposer qu'un arbitrage peut assurer la paix apprendraient dans un livre d'histoire quelconque avec quelle facilité un gouvernement qui souhaite une guerre trouve des prétextes pour la provoquer ou se la faire déclarer.

Inutile de remonter, pour trouver des exemples, jusqu'au roi de Prusse Frédéric II qui, lorsqu'il envahissait brusquement une province, — la Silésie, notamment, — laissait aux juristes à sa solde le soin de trouver ensuite des arguments justificatifs. Rappelons qu'en 1870, Bismarck n'eut qu'à changer quelques mots dans une dépêche anodine pour provoquer en France une explosion d'indignation tellement violente qu'elle obligea un gouvernement pacifique à déclarer la guerre. Cet unique mobile : une France assez armée pour se faire craindre, eût alors empêché Bismarck de risquer son aventure.

Croit-on davantage qu'un arbitrage eût empêché les Japonais de fonder leur puissance par une lutte avec la Russie ou les Turcs d'essayer de sauver leur empire par l'expulsion des Grecs de leur territoire?

Il est donc bien probable, comme nous l'avons montré dans le précédent chapitre, que pendant longtemps la force armée restera le seul soutien efficace du droit et des ambitions transformées en droit.

Les ministres anglais eux-mêmes n'en ont probablement jamais douté puisqu'ils consacrent des sommes énormes à augmenter les flottes aérienne et maritime de l'Angleterre. Ce sont seulement les autres peuples — la France notamment — qui suivant eux devraient se contenter, comme arme défensive, d'arbitrages. Protégés de cette façon ils devraient désarmer !

*
* *

Le discours du ministre anglais auquel je faisais allusion plus haut contenait d'ailleurs, à côté de conseils dangereux, des réflexions assez justes. En voici quelques-unes :

« Les partisans d'une politique superficielle s'imaginent qu'en mettant certaines phrases sur le papier, ils assureront des obligations et pourront dormir tranquilles. Il est insensé de s'en remettre à des apparences de sécurité et de se reposer sur le droit des nations à l'existence, de croire qu'il sera assuré par des papiers et par des pactes. Croyez-moi, jamais un papier ni un seul traité ne vous donneront la sécurité. Vous êtes les victimes d'une éternelle et dangereuse illusion. »

Persuadé que la paix peut être maintenue uniquement par un système d'arbitrages, M. Mac Donald formulait les prédictions suivantes :

« Je dis aux petites nations :
Vous serez toutes écrasées dans une prochaine conflagration, si vous vous en remettez de votre sécurité à des apparences trompeuses qui n'existeront que sur le papier. Le seul moyen d'échapper à la catastrophe, c'est l'arbitrage. »

Le même ministre nous dit, ensuite, comment fonctionnerait suivant lui le tribunal d'arbitrage :

« La première épreuve à faire subir aux intéressés sera de leur demander :
— « Etes-vous prêts à accepter l'arbitrage ?
« Et la deuxième sera de leur dire :
« — Expliquez-vous. Avez-vous pour de la lumière ou bien êtes-vous toujours les enfants des ténèbres ? »

Bien que l'ancien chef du gouvernement anglais ait été, comme son prédécesseur Lloyd George, un homme de grande piété, il doit lui être difficile de croire que les représentants des puissances prêtes à entrer en lutte puissent reculer devant la perspective d'être qualifiés d' « enfants des ténèbres ». L'intervention d'une flotte de cuirassés serait probablement beaucoup plus efficace.

***

Pendant que les orateurs de Genève prononçaient de philanthropiques harangues dans l'espoir d'élever des barrières devant les haines qui animent les peuples et les précipitent si souvent les uns contre les autres, l'évolution industrielle du monde continuait et tendait à créer cette solidarité d'intérêts dont j'ai, bien des fois, montré la supériorité sur les alliances,

Et c'est pourquoi, en dépit des obstacles issus des conséquences de la dernière guerre, on entrevoit le moment où, malgré les incompréhensions qui les divisent, Français et Allemands seront condamnés, par la force même des choses, à l'association de leurs intérêts. On en voit déjà de nombreux exemples. C'est ainsi que les métallurgistes lorrains ayant besoin du coke allemand, et les Allemands du minerai de fer français, ont été conduits à s'unir.

Il semblerait donc que, sous l'influence de ce destin mystérieux qui, suivant la sagesse antique, dominait les volontés des dieux et des hommes, la France soit, finalement, obligée d'associer ses intérêts à ceux de son héréditaire ennemie. C'est même cette association, comme l'a si bien compris M. Briand à Locarno, qui pourrait devenir une source de paix prolongée.

***

La conférence de Locarno ne fut pas caractérisée seulement par une association d'intérêts entre des peuples, mais surtout parce que le grand homme d'Etat français qui la dirigeait sut étayer les arguments de la logique rationnelle d'influences mystiques si puissantes sur l'âme des hommes.

Ce qui était notoirement irréalisable ne fut pas formulé à Locarno, et c'est pourquoi on y parla fort peu des grands projets de désarmement.

Plus d'une fois au cours des âges, les peuples ont vu se dresser devant les réalités le mur de leur incompréhension. Jamais, peut-être, ce mur ne fut si épais qu'aujourd'hui.

La cause de l'incompréhension actuelle et de l'anarchie qui en résulte tient surtout à ce que les maîtres des peuples prétendent résoudre par la logique rationnelle des problèmes dérivés d'influences affectives et mystiques, obéissant aux enchaînements de logiques spéciales que ne connaît pas la raison.

Et c'est justement pourquoi tous les arguments rationnels invoqués à Genève en faveur de la paix universelle eurent si peu d'action alors que ceux d'ordre mystique employés à Locarno provoquèrent de si importants résultats. En réalité, l'action utile de la société de Genève ne pourrait être que d'ordre mystique. Elle deviendrait alors un de ces grands conciles religieux où se fondent des croyances nouvelles capables, comme le bouddhisme, le christianisme et l'islamisme jadis, le socialisme et le communisme aujourd'hui, de se transformer en mobiles d'action dès qu'elles ont conquis les âmes (1).

____

(1) C'est ce qu'avait fort bien compris M. Aristide Briand lorsqu'il résolut de profiter de sa haute situation morale pour établir entre la France et l'Allemagne l'état mental qu'on a qualifié d'esprit de Locarno. Les difficultés colossales de cette

C'est qu'en effet, malgré tous les progrès de la science, les illusions mystiques ont, je le répète encore, conservé le pouvoir dominateur qu'elles exercèrent toujours. Sous leur magique influence, le monde a plusieurs fois changé. Elles firent surgir le possible de l'impossible, édifièrent ou détruisirent des empires et transformèrent de grandes civilisations.

---

tâche n'avaient pas échappé à l'éminent homme d'État. J'en eus a preuve dans la petite carte illustrée qu'il m'envoya de Locarno au début de son entreprise :

Locarno, 17 octobre 1925.

« Mon cher bon Docteur »,

« Dans ce magnifique paysage, aux prises avec mes soucis, j'ai souvent pensé à vous et aux sarcasmes dont vous ne manquerez pas, dans un prochain déjeuner, de cribler ce que vous appellerez ma chimérique entreprise :

« Enfin le destin favorise quelquefois les fous. »

Toutes mes amitiés. A bientôt.

« ARISTIDE BRIAND. »

LIVRE III

LES GUERRES MODERNES. LEURS CAUSES ET LEURS CONSÉQUENCES.

CHAPITRE PREMIER

CARACTÈRES DESTRUCTEURS DES PROCHAINES GUERRES

Les philosophes germaniques soutiennent sur la guerre des thèses parfois assez différentes de celles des autres savants européens. Suivant eux la force constituerait l'unique source du droit et l'issue des batailles pourrait seule montrer où est ce droit. Ils assurent aussi que les guerres détermineraient la sélection des plus capables. Elles auraient donc une grande utilité pour les pays victorieux.

Les sélections produites par les guerres pouvaient être avantageuses aux époques où les armées de métier ne comprenaient qu'une infime partie de la population et où les victimes se comptaient par milliers et non comme maintenant par millions.

Les conséquences des sélections guerrières sont bien différentes aujourd'hui. Les luttes modernes ruinent non seulement le vainqueur mais aussi le vaincu ; elles abaissent en outre la vigueur de la population. Les hécatombes militaires faisant périr les plus vigoureux, il ne reste pour la reproduction que les éléments les moins forts. Cette sélection négative est donc source de régression et non de progrès.

Les conceptions démocratiques nouvelles, que les anciens philosophes allemands ne connaissaient pas, sont l'origine principale du caractère meurtrier des guerres modernes. Les dix millions d'hommes que coûta la dernière conflagration européenne furent des victimes des nouvelles idées démocratiques sur le service universel. Pour leur obéir les petites armées de métier ont été remplacées par des millions de combattants. Les théories démocratiques se trouvèrent ainsi satisfaites, mais leur succès fut terriblement onéreux pour l'humanité.

****

Il n'était pas difficile, dès les débuts de la grande guerre, de prédire les conséquences meurtrières de l'introduction démocratique du nombre dans les luttes modernes.

On se faisait pourtant, au commencement de la campagne, d'étranges illusions sur sa durée, sa nature et son caractère. Il semblait évident qu'elle serait très courte et que, grâce aux proscriptions du tribunal de La Haye, les batailles se livreraient avec beaucoup d'humanité.

Contrairement à toutes ces prévisions, la guerre fut très longue, très meurtrière et la plus barbare peut-être de toutes celles enregistrées par l'histoire. Il fallait vraiment l'aveuglement des philanthropes et de certains diplomates pour ne pas le prévoir.

Plusieurs journaux reproduisirent, dans les premiers temps du conflit, les lignes suivantes que j'écrivais, voici plus de vingt ans, dans « ma Psychologie politique », sur les conséquences qu'entraînerait une guerre en Europe :

« N'oublions pas qu'elle sera une de ces luttes finales qui amènent la disparition définitive et totale de l'une des nations aux prises. « Mêlées formidables ignorant la pitié et dans les-
« quelles des contrées entières seront méthodiquement ravagées
« jusqu'à ce qu'elles ne renferment ni une maison, ni un arbre,
« ni un homme. »

On m'a souvent demandé sur quoi je m'étais basé pour formuler ces prédictions. Mes raisons étaient fort simples et n'exigeaient aucune pénétration particulière. Les mêmes prévisions auraient pu être faites par le plus modeste des diplomates considérant que, dans la nouvelle guerre, des millions d'hommes seraient en présence, alors que, dans les anciennes, chaque pays ne possédait qu'une petite armée impossible à renouveler. Il suffisait donc jadis d'une ou deux batailles perdues pour contraindre le vaincu à demander la paix.

Avec les armées de plusieurs millions d'hommes, forcément étendues sur un front immense, que pouvait signifier la perte de une, deux, trois ou dix batailles, alors même qu'elles eussent coûté chacune cinquante mille hommes ?

Impossible donc de songer à une de ces courtes campagnes réalisables seulement du temps de Napoléon. Il devenait alors évident que le vainqueur, reconnaissant, comme le firent les Allemands, l'inutilité des victoires, chercherait à triompher de l'adversaire par des moyens de terreur plus efficaces que le gain des batailles.

C'est justement ce qui arriva quand les armées germaniques ravagèrent une dizaine de départements et emmenèrent en esclavage, pour la soumettre à un travail forcé, une partie valide de la population. Ces procédés de terrorisation étaient d'ailleurs préconisés par les écrivains militaires allemands les plus influents, Bernhardi, notamment.

Quant à la disparition de grands empires annoncée dans la prédiction précédente et que devait vérifier la désagrégation de l'Autriche, c'était une hypothèse dont la réalisation était rendue infiniment probable par la durée de la lutte. Si les alliés avaient été vaincus, ce n'est pas l'Autriche qui eut politiquement disparu, mais la Belgique et plusieurs départements français.

*
* *

Les éléments qui m'ont servi jadis à prédire le caractère féroce de la dernière guerre, on peut déduire que les prochaines luttes deviendront beaucoup plus féroces encore, destruction des villes et de leurs habitants par des explosifs lancés au moyen d'avions, gaz axphyxiants, procédés bactériolo-

giques, etc. La population civile souffrira certainement plus de la guerre que les armées.

Ces perspectives ne doivent pas être dissimulées,
mais au contraire proclamées bien haut afin de faire
comprendre aux peuples l'immense intérêt qu'ils ont
à s'unir pour ôter à un agresseur éventuel toute idée
d'entreprendre une nouvelle guerre. On ne s'attaque
pas à une collectivité que ses moyens de défense font
juger invincible.

CHAPITRE II

POURQUOI CERTAINES GUERRES SONT INÉVITABLES

En attendant que la Société des Nations possède l'autorité et le prestige dont elle semble encore dépourvue, il est utile de dissiper les illusions que les peuples se font sur la protection que cette grande association pourrait leur fournir en cas d'agression.

La formule arbitrage, désarmement, sécurité est fort dangereuse. La nature humaine n'ayant pas changé encore, les enseignements de l'histoire restent toujours applicables. Ils montrent ce que deviennent les peuples désarmés ou insuffisamment armés.

*
* *

Deux raisons catégoriques s'opposeront longtemps à une paix durable.

La première est que certaines guerres sont inévitables ; la seconde que si la plupart des guerres sont aussi ruineuses pour le vainqueur que pour le vaincu, il en est cependant dont le vainqueur retire des avantages très supérieurs à ceux qu'auraient procuré la paix.

Considérons d'abord les guerres inévitables.

Une guerre est forcément inévitable lorsqu'un peuple est attaqué par un autre, telle la guerre franco-allemande, telles encore les luttes soutenues par la France en Syrie et au Maroc, telles également autrefois la guerre entre le Japon et la Russie et de nos jours celle de la Turquie contre la Grèce.

L'exemple du conflit gréco-turc montre qu'une guerre peut être à la fois inévitable et très avantageuse pour le vainqueur.

On connaît les origines de cette guerre. La lutte mondiale avait colossalement accru l'Empire britannique. La Mésopotamie, la Palestine, l'Afrique allemande, etc., étaient tombées sous ses lois. Sa domination en Orient, comme aussi en Europe, s'étendait chaque jour.

Pour compléter ces conquêtes, il importait d'y adjoindre Constantinople, clef de l'Asie. C'est alors qu'eût semblé vérifiée l'assertion de M. Lloyd George, que « la Providence a donné à la race anglaise la mission de civiliser une partie de l'univers ».

Pour réaliser ce dessein de la Providence, il ne restait plus qu'à refouler les Turcs hors d'Europe et à faire occuper Constantinople par un peuple que sa faiblesse eût maintenu facilement sous la main de l'Angleterre. La Grèce fut chargée de cette mission.

Afin d'échapper à leur sort, les Turcs envoyèrent une série de délégués à Londres. Le ministre qui devait plus tard subir pendant trois mois à Lausanne leurs ironiques propos, ne consentit même pas à les recevoir.

Jamais peuple ne se vit aussi près de sa fin. Les

Grecs, soutenus par les canons et l'or britanniques, occupaient Smyrne et une partie de la Turquie, en attendant l'heure de marcher sur Constantinople.

Réfugiés dans les régions montagneuses voisines d'Angora, les musulmans semblaient dans une situation désespérée.

Elle ne l'était pas, pourtant. Le talent d'un général la transforma complètement. Avec une armée bien inférieure en munitions et en hommes à celle de l'adversaire, il marcha sur Smyrne, mit les Grecs en complète déroute et les expulsa jusqu'au dernier du territoire ottoman.

Peu de victoires eurent d'aussi prodigieuses conséquences. Ce n'était pas, en réalité, les Grecs, mais bien l'Angleterre et aussi un peu l'Europe qui, aux yeux des musulmans, devenaient les vaincus.

Sachant très bien qu'aucun pays n'enverrait de troupes contre la Turquie, les délégués d'Angora venus à Lausanne signer la paix parlèrent en vainqueurs et il fallut céder à leurs plus invraisemblables exigences : évacuation complète de Constantinople par les Anglais, abandon des capitulations, etc., tout fut accepté.

Les discussions de Lausanne eurent un retentissement considérable dans le monde de l'Islam. L'ancien chef du gouvernement anglais, M. Lloyd George, écrivait avec raison :

« Cette paix est la plus humiliante que l'Angleterre ait jamais signée. Les Turcs ont regagné presque tout ce que les Britanniques leur avaient enlevé en quatre longues années de guerre. C'est une tache indélébile sur la politique étrangère du gouvernement. »

Les journaux italiens exprimèrent la même opinion sur la paix de Lausanne. *L'Idea Nazionale* disait :

« Toutes les puissances occidentales ont plus ou moins capitulé devant la Turquie.

L'Europe — ou plus exactement l'Angleterre, représentant l'Europe et l'Occident — avait commis l'erreur grossière d'accepter la catastrophe grecque comme sa propre défaite. Elle a effacé sa grande victoire mondiale devant la petite victoire locale des Turcs ; elle s'est laissé dicter par les kémalistes le « pacte national » d'Angora ; elle est passée directement de l'exagération manifeste du traité de Sèvres, qui reléguait la Turquie dans les montagnes d'Anatolie, à l'humiliation manifeste du traité de Lausanne. »

La victoire qui détermina cette brusque déviation de la marche du destin sera souvent invoquée contre l'opinion des économistes, soutenant que les guerres sont à notre époque inutiles, puisqu'elles ruinent le vainqueur autant que le vaincu.

Il en est souvent ainsi, mais pas toujours. Où en seraient aujourd'hui les Turcs sans la victoire de Smyrne ? Et si le Japon, petit peuple fort dédaigné de l'Europe il y a bien peu d'années encore, traite aujourd'hui d'égal à égal avec les plus grandes puissances, n'est-ce pas simplement parce qu'il anéantit en quelques heures la flotte russe à Toutshima et força le plus vaste empire du monde à signer une humiliante paix ?

Dans les temps modernes comme dans les temps antiques, la victoire reste le thermomètre décisif de la force d'un peuple.

****

Parmi les guerres inévitables ou à peu près inévitables, on pourrait faire figurer aussi la dernière guerre. Elle représente l'effort accompli par l'Allemagne pour la conquête de l'hégémonie que lui disputait l'Angleterre.

Certains hommes d'Etat anglais ont complètement oublié l'origine véritable de cette lutte lorsqu'ils assurent que l'Angleterre entra dans le conflit uniquement pour venir au secours de la France et lui reprochent son ingratitude.

M. Lloyd George traduisait nettement l'opinion anglaise sur ce point quand il disait :

« Où en serait la France si la Grande-Bretagne n'avait pas fait tant de sacrifices en hommes et en argent ? Elle serait dans l'état où se trouve actuellement l'Allemagne. »

L'auteur de cette assertion peut-il vraiment croire que si la France avait été écrasée, l'Allemagne ne se fût pas tournée immédiatement contre l'Angleterre, concurrente beaucoup plus dangereuse pour elle que la France ?

Les sentiments réels de l'Allemagne à l'égard de l'Angleterre sont fort bien marqués dans les réflexions suivantes de l'empereur Guillaume II :

« J'avais rêvé une réconciliation avec la France. J'aurais voulu former avec elle, dans l'intérêt général, un bloc continental assez fort pour mettre un frein aux ambitions de l'Angleterre, qui cherche à confisquer le monde à son profit. »

M. Lloyd George sait parfaitement qu'au moment de la guerre, des hommes d'Etat influents, dont il fut le plus actif, voulaient que l'Angleterre restât neutre. Elle n'eût sûrement pas pris part au conflit si l'armée allemande n'avait envahi la Belgique et menacé directement les intérêts anglais en se dirigeant sur Anvers.

Ce même ministre, et beaucoup de ses compatriotes, semblent persuadés que c'est l'Angleterre qui vint au secours de la France. Lorsque, dans un nombre d'années indéterminé encore, il sera possible d'étudier avec impartialité les origines de la grande guerre, les historiens reconnaîtront, sans aucun doute, qu'en dépit des apparences, ce fut, tout au contraire, la France qui vint au secours de l'Angleterre. On considérera alors la conflagration européenne comme une lutte pour l'hégémonie entre l'Allemagne et l'Angleterre. Si la France, la Belgique et d'autres pays y furent mêlés, ce fut simplement parce qu'ils se trouvèrent sur le chemin des deux grands rivaux qui aspiraient à la domination commerciale du monde.

A examiner seulement les résultats de la guerre, il n'est pas douteux que c'est grâce à la France que l'Angleterre triompha d'un rival dont elle sentait grandir la menace puissante. Grâce encore à la France, elle hérita de l'hégémonie allemande et réussit à se constituer un empire tellement immense que, suivant la déclaration même de lord Curzon au Parlement, il dépasse tout ce que l'Angleterre pouvait rêver.

A la liste des guerres presque inévitables, il faut ajouter la future lutte entre le Japon et les États-Unis, conséquence du refus de l'Amérique d'accepter sur son sol l'excédent de population que le Japon ne pourra bientôt plus nourrir. Nous aurons l'occasion d'y revenir en étudiant les conséquences d'un développement trop rapide de la population.

CHAPITRE III

LES GUERRES RÉSULTANT
D'UN EXCÉDENT DE POPULATION

Il n'existe pas de peuple plus convaincu de la puissance des lois que les Latins. Il en existe peu qui les respectent moins.

C'est justement parce qu'ils sont persuadés du pouvoir des lois que les Latins en accumulent sans cesse et c'est parce que l'expérience leur montre l'impuissance des lois, qu'ils ne les respectent pas longtemps.

Les lois reconnues inefficaces se trouvent bientôt remplacées par d'autres, chargées des mêmes espérances, et nos parlements resteront des machines à légiférer jusqu'au jour où on découvrira que les lois utiles naissent des nécessités et des coutumes, mais ne les précèdent pas.

Si les lois n'ont qu'un pouvoir constructeur bien faible et demeurent incapables de refaire les sociétés — contrairement aux convictions de certains partis politiques, — elles peuvent exercer une action destructrice très grande. C'est ainsi, par exemple, que la loi de huit heures dans la marine rendait notre commerce extérieur de plus en plus impuissant à lutter contre la concurrence étrangère, et l'eût finalement anéanti si cette loi n'avait été abrogée. C'est ainsi également que les décrets sur les loyers ont paralysé la construction d'habitations nouvelles et rendu plus aiguë une crise à laquelle ces décrets prétendaient remédier. C'est ainsi encore que les lois proposées par les socialistes contre le capital, la propriété et l'industrie, ont déterminé rapidement la fuite des capitaux à l'étranger, provoqué une baisse considérable de la valeur du franc et, par voie de conséquence, un nouvel accroissement du prix de la vie.

Le problème de la natalité, qui passionne aujourd'hui tant d'esprits en France, va nous fournir un nouvel exemple des illusions sur la puissance attribuée aux lois.

Chacun sait que le chiffre de la population française reste à peu près stationnaire. On formerait une bibliothèque avec la collection des discours, conférences et règlements destinés à augmenter ce chiffre.

Les propositions des réformateurs se ramènent le plus souvent à établir des impôts sur les célibataires au profit des familles nombreuses. Une des plus typiques de ces suggestions est celle de l'académicien Émile Picard que ses méditations prolongées conduisirent à proposer un impôt spécial aux dépens des individus n'ayant pas trois enfants et au profit des familles qui les possèdent.

Le simplisme déconcertant de telles conceptions

prouve à quel point le problème de la natalité reste incompris.

*
* *

Étant données les causes profondes des variations de la natalité, on peut considérer comme certain que les lois et discours formulés depuis vingt-cinq ans n'ont accru nulle part le chiffre de la population.

Il faut se féliciter de cet insuccès. En étudiant la question de plus près, les économistes ont fini par découvrir que la plupart des pays de l'Europe présentaient des excédents de population. Un des plus savants d'entre eux, M. Keynes, a très justement fait observer :

« Qu'avant la guerre, l'Europe était déjà beaucoup trop peuplée et se procurait de plus en plus difficilement les moyens de subsistance, et encore grâce aux ressources de moins en moins abondantes du nouveau monde. Aujourd'hui, la capacité de production des peuples est si réduite qu'on peut affirmer que l'Europe possède un excédent d'habitants qu'elle ne pourra bientôt plus nourrir. »

Plusieurs peuples européens sont déjà fort gênés par leur surcroît de population. L'Angleterre a quinze cent mille chômeurs ; l'Allemagne, un million sept cent mille ; l'Italie, dont la population augmente de plus d'un demi-million par an, ne saura bientôt, comme l'a fait observer M. Mussolini, où déverser l'excédent de ses habitants.

La difficulté sera d'autant plus grande que les pays étrangers se ferment chaque jour davantage. Les États-Unis ont déjà réduit à quatre mille cinq cents par an le chiffre des émigrés dont ils toléreront l'entrée. Les républiques de l'Amérique du Sud se coalisent aussi, maintenant, pour empêcher l'immigration.

Plusieurs nations considéreraient volontiers qu'un excédent de population leur constituerait un droit à s'emparer des colonies pour y verser cet excédent. Le journal anglais *Observer* du 12 décembre 1926 a fait à ce propos les très justes réflexions suivantes :

« Aucun pays n'est fondé, du simple fait d'une natalité très forte, à s'emparer de territoires appartenant à autrui. Du point de vue philosophique, la thèse qu'il convient de limiter une natalité trop forte est tout aussi valable que celle qui soutient que les annexions forcées sont justifiables dans le cas d'une race qui se plaît à produire un excédent biologique. Nous vivons à une époque où le nombre seul compte de moins en moins. »

La justesse de cette dernière réflexion sur le rôle moderne du nombre reste assez contestable. Il est possible que le nombre devrait compter de moins en moins mais, en réalité, il compte souvent de plus en plus.

*
* *

Les Asiatiques sont également victimes d'une trop intense natalité. Le Japon, qui contenait trente-trois millions d'habitants il y a un demi-siècle, en possède aujourd'hui soixante millions et ne sachant littéralement où placer cet excédent, voudrait forcer les Etats-Unis, qui s'y refusent, à l'accepter.

Tous les peuples orientaux, dont aucune considération n'a modéré la fécondité, se multiplient avec la même effrayante rapidité. L'Inde est surpeuplée et le serait beaucoup plus encore si des famines qui font périr plusieurs millions d'hommes, comme la célèbre famine d'Orissa, ne ramenaient fréquemment la population à un chiffre en rapport avec ses moyens de subsistance.

La Russie a subi un accroissement analogue : de soixante-cinq millions d'habitants en 1850, elle est passée aujourd'hui à cent soixante-dix millions. Or, d'après les leçons de l'Histoire, dès qu'une population dépasse ses possibilités d'existence il lui faut émigrer ou envahir militairement ses voisins. Ce sont de telles émigrations qui détruisirent en Gaule la civilisation romaine.

L'observation et le raisonnement démontrent facilement que les législateurs sont impuissants à modifier par des décrets les nécessités économiques et psychologiques qui déterminent le mouvement d'une population. Tout ce qu'on peut obtenir, c'est d'arriver, par des mesures hygiéniques convenables, à réduire la mortalité, comme y a réussi l'Allemagne. La mortalité infantile est en effet moitié plus forte en France que dans les pays germaniques.

L'Histoire fournit plusieurs exemples de l'impuissance des lois sur le mouvement de la population. Le plus frappant est celui de l'empereur Auguste, qui, devenu maître du monde, s'imagina être assez fort pour remédier par des mesures draconiennes à la diminution de la population romaine. Elle avait été fortement réduite à la suite des hécatombes engendrées par les guerres sociales qui amenèrent la destruction de la république et son remplacement par des dictateurs couronnés.

C'est en réalité sur des amoncellements de cadavres que s'était édifié l'empire. Les socialistes de l'époque, dont les doctrines ne différaient guère de celles des socialistes modernes, n'étaient pas plus tendres que ces derniers. Cinquante ans de luttes intestines avaient considérablement réduit la population romaine. A lui seul, Sylla avait fait massacrer plus de vingt-cinq mille citoyens. Marius, chef du parti populaire, avait fait égorger par milliers les plus éminents citoyens de Rome, deux cents sénateurs et trois mille chevaliers.

Comprenant très bien les dangers de la dépopulation, Auguste essaya d'accroître le nombre des citoyens par d'impératifs décrets. La loi Julia, par exemple, frappait de peines sévères les célibataires et récompensait d'avantages divers le mariage et la paternité.

Les résultats obtenus furent nuls. Rome continua à rester dépeuplée de Romains et peuplée d'étrangers. Ce fut une des causes principales de sa décadence.

La tendance fondamentale de la nature est de faire naître infiniment plus d'êtres qu'elle n'en peut nourrir. Cette fécondité, qui joua un rôle prépondérant dans l'évolution des êtres aux époques géologiques, a exercé une action aussi importante dans l'histoire des peuples.

Devenus trop nombreux pour trouver sur leur sol des moyens de subsistance, ils vont les chercher au dehors. L'histoire de divers pays est surtout celle des invasions qu'ils ont entreprises ou subies.

Quand ces invasions se multiplient, les peuples envahis ne résistent pas longtemps. Malgré toute sa force, la civilisation romaine périt sous un flot d'envahisseurs ne possédant que des rudiments de culture. Les Babyloniens et les Assyriens avait déjà connu un pareil sort.

La fécondité d'un peuple est donc redoutable pour ses voisins. L'Allemagne n'était pas trop peuplée encore, au moment de la guerre, mais elle allait bientôt l'être. Cette surpopulation prochaine était invoquée par ses écrivains pour conseiller l'envahissement des nations voisines. Mais tous les peuples menacés par l'Allemagne s'unirent pour opposer le nombre au nombre. Il en sera sans doute de même dans l'avenir, et c'est pourquoi l'Allemagne hésitera probablement longtemps avant d'entreprendre une nouvelle invasion.

L'insuccès des lois d'Auguste et de ses imitateurs modernes tient à ce principe fondamental, ignoré évidemment des réformateurs, que le mouvement de la population résulte de nécessités supérieures aux volontés des législateurs.

D'une façon générale, on peut dire que les naissances diminuent quand l'enfant devient, comme dans la bourgeoisie actuelle, trop coûteux à élever. Les naissances se multiplient chez les paysans, où l'enfant constitue au contraire une utilité. Chez les ouvriers, la natalité diminue en même temps que la nuptialité augmente, parce que la femme est productive, et que l'enfant apparait souvent comme un accident gênant et dispendieux.

*
* *

En dehors des causes particulières qui font varier la natalité dans les diverses classes sociales, on peut dire que la situation économique présente du monde aura bientôt pour résultat une limitation certaine de la population. La surproduction est générale, et générale aussi son inévitable conséquence, le chômage.

On sait que l'Angleterre se procure au dehors, grâce à ses marchandises, la presque totalité de son alimentation. Ne trouvant plus depuis la guerre un nombre suffisant d'acheteurs elle limite ses fabrications et subit un lourd chômage.

Avant que la Grande-Bretagne revienne à son ancienne richesse sa population devra diminuer notablement.

Dans l'évolution actuelle du monde, les pays dont le sol ne pourra pas nourrir ses habitants deviendront fatalement les moins prospères.

Cette destinée ne menace pas la France, puisque son sol produit la presque totalité de ses moyens de subsistance et les produirait entièrement si l'on faisait subir à l'agriculture des perfectionnements analogues à ceux qu'a réalisés l'Allemagne.

*
* *

La destinée des peuples dont la multiplication est trop rapide se trouve chargée de périls.

Dans un travail récent, l'amiral Rodger, ancien commandant de l'escadre asiatique des États-Unis, déclarait que, « lorsque la population américaine atteindrait deux cents millions, le pays serait forcé de se livrer à des guerres agressives pour donner des territoires nouveaux à ses habitants ». C'est là une application de la vieille loi de Malthus, dont la justesse, bien que souvent contestée, fut toujours vérifiée par l'Histoire.

*
* *

Comme conclusion de ce qui précède, nous pouvons dire que malgré les lamentations des philanthropes, la France n'a pas à regretter de voir sa population rester stationnaire. Elle possède un nombre presque suffisant d'habitants ; il ne lui en faudrait qu'un peu plus pour éviter l'invasion d'ouvriers étrangers.

Voici plus de vingt-cinq ans que j'ai soutenu ces thèses. Elles paraissaient paradoxales alors, mais les événements en ont montré l'exactitude.

Plusieurs économistes ont fini par arriver aux mêmes conclusions. Je me crois donc fondé à répéter avec l'un d'eux :

« De tous les périls qui menacent l'humanité civilisée, celui de la surpopulation est le plus net, le plus sûr et non le plus lointain ; si bien que toute la question internationale, les guerres possibles de l'avenir et le désarmement tant rêvé en dépendent directement. »

CHAPITRE IV

LES CONFLITS AVEC L'ISLAM

Les conflits de l'Europe avec l'Islam ont déjà joué un rôle considérable dans l'histoire. Les Musulmans dominèrent longtemps l'Espagne, le nord de l'Afrique, l'Egypte, la Perse et une partie de l'Inde. Pour lutter contre leur puissance, le monde européen entreprit plusieurs croisades.

Aujourd'hui le pouvoir politique de l'Islam se réduit à quelques ilots tels que la Turquie et le Maroc, mais son influence sur les âmes s'étend jusqu'aux confins de la Chine.

On sait le rôle néfaste joué par la Turquie dans la dernière guerre et on sait aussi que l'insurrection du Maroc a coûté bien des millions à la France et à l'Espagne.

Pour réduire un des chefs de la révolte, Abd-el-Krim, il fallut une importante armée commandée par un illustre maréchal.

Le chef mulsuman a été capturé, mais la pacification complète du Maroc exigera beaucoup de temps encore.

Les idées d'Abd-el-Krim sont connues puisqu'il les

a exposées dans plusieurs interviews, notamment dans celle reproduite par le journal italien *El Popolo*.

Il attribue à cette guerre une origine religieuse et assure que les Espagnols l'avaient entreprise pour exécuter une partie du testament, vieux de cinq cents ans, d'Isabelle la Catholique, relative à la nécessité de détruire l'Islamisme.

Avec les indications publiées dans diverses interviews et la connaissance de la mentalité musulmane, on peut déterminer les pensées d'Abd-el-Krim. En voici une approximative esquisse :

« Ma situation est glorieuse ; j'ai détruit, il y a peu d'années, une armée espagnole de cent mille hommes, pris son matériel et obligé le roi d'Espagne à me payer une rançon de quatre millions de pesetas pour racheter ses prisonniers. Finalement, l'Espagne avait renoncé à l'occupation du Maroc.

« Je me suis alors tourné contre les Français, espérant que j'en triompherais aussi facilement que des Espagnols. La France m'a vaincu mais n'y a réussi qu'en envoyant contre moi une grande armée commandée par le plus habile de ses maréchaux.

« L'ennemi a montré à quel point il me redoutait, puisque son gouvernement faillit être renversé à la suite d'un refus devant le parlement de m'envoyer des émissaires solliciter la paix.

« Si je suis devenu un personnage dont les actes étaient enregistrés par tous les journaux de l'univers, c'est parce que je représentais la puissance musulmane, très redoutée depuis qu'à Smyrne un autre général musulman vainquit une armée grecque appuyée par le gouvernement britannique.

« Donc, je représente l'Islam, qui est aujourd'hui presque sans chef, puisque le commandeur des croyants a été si maladroitement expulsé de Constantinople.

« Ne suis-je pas aussi, en réalité, un des héritiers du grand empire musulman qui s'étendait jadis de l'Espagne à l'Inde ? Mes ancêtres ont occupé la plus grande partie du territoire espagnol pendant plusieurs siècles et l'ont civilisée, ainsi d'ailleurs que le reste de l'Europe. N'est-ce pas dans les grandes universités musulmanes de l'Espagne que tous les étudiants d'une Europe, alors demi-barbare, venaient s'instruire et chercher dans nos livres la connaissance de la civilisation gréco-romaine dont nous étions alors, avec Byzance, les seuls représentants ?

« Sans doute, ces temps sont passés ; mais le drapeau de la foi islamique, abandonné par les vainqueurs de Smyrne, qui oublient qu'un peuple ne renonce pas impunément à ses dieux, doit être arboré par quelqu'un. Les deux cent cinquante millions de Musulmans dispersés dans le monde ont besoin d'un chef spirituel. Pourquoi ne serais-je pas ce chef ? Je suis prisonnier mais ma destinée n'est peut-être pas terminée encore. »

*
* *

Le conflit marocain acquiert une grande importance quand on le rapproche des événements récents dont la Turquie musulmane a été et est encore le siège.

Le canon ne constitue pas uniquement, comme on le dit quelquefois, *l'ultima ratio regum*, mais aussi la dernière raison des idéals qui cherchent à triompher.

L'Orient musulman traverse aujourd'hui une de ces rares époques où les peuples renoncent aux dieux qu'ils adoraient pour en choisir d'autres.

On connaît l'influence colossale jouée par l'Islamisme dans les annales du monde. Il sut donner à des nomades ignorés de l'histoire une communauté d'idées, de sentiments et de pensées qui leur permit, en quelques années, de conquérir une partie de l'Empire romain et de fonder un royaume étendu de l'Espagne aux rives du Gange.

A la suite d'événements divers qui amenèrent, beaucoup plus tard, la conquête de Constantinople par les Turcs, cette grande ville était devenue le centre de l'Islam. La parole sainte du commandeur des croyants restait révérée du Maroc jusqu'à l'Inde

L'Islamisme continuait ainsi à unir la pensée de races les plus diverses. C'est au nom de cette puissante foi que les cinquante millions de Musulmans de l'Inde formaient un bloc si dangereux pour l'Angleterre, et au nom de la foi musulmane encore qu'un chef marocain put lancer ses tribus contre les chrétiens considérés comme ennemis de leur croyance.

Or voici que les héritiers du vieil empire ottoman renoncent, en Turquie, aux forces religieuses qui unissaient leurs âmes et prétendent lui substituer un nationalisme étranger à toute religion, ne tenant compte que des intérêts de chaque peuple.

Après avoir chassé le chef suprême des croyants de Constantinople, les fondateurs de la nouvelle république turque, établie à Angora, croient pouvoir remplacer l'ancien idéal musulman par des principes démocratiques européens. Une politique exclusivement localisée à la Turquie entraîna l'abandon de toute solidarité religieuse et c'est pourquoi, pendant les différends de l'Egypte avec l'Angleterre, le Parlement turc renonça à la fraternité musulmane.

Les républicains d'Angora ont-ils raison de croire la politique fondée sur le nationalisme plus forte que celle établie sur le panislamisme religieux ? L'expérience seule pourra répondre.

En changeant d'idéal, c'est-à-dire en substituant l'idée d'une patrie locale, basée sur la communauté de race, à l'idée d'une patrie générale basée sur la communauté de croyance, les Turcs sont évidemment entrés dans une voie nouvelle. L'Europe civilisée y gagnera sûrement, mais il est douteux que les pays orientaux y gagnent quelque chose, puisque si les principes d'Angora s'étendaient à tout le monde islamique chaque contrée musulmane se trouverait réduite à elle-même.

*
* *

La révolte du Maroc ne s'est prolongée qu'en raison de la protection que lui accordèrent les socialistes. Si on les avait écoutés, la Tunisie et l'Algérie eussent été bientôt menacées d'une guerre d'invasion destinée à l'expulsion des chrétiens. Le fait que les socialistes n'aient pas perçu de telles évidences montre une fois encore à quel point les idées les plus claires peuvent devenir inaccessibles aux esprits hypnotisés par une croyance.

Quoi qu'il en soit de son évolution sur un point encore très localisé du monde musulman, l'Islam constitue toujours une grande force et il en coûterait cher aux Européens de la méconnaître. C'est pour l'avoir ignorée qu'un ministre anglais fit perdre à l'Angleterre l'espoir de posséder définitivement Constantinople en lançant les Grecs contre la Turquie.

*
* *

Bien que fort supérieurs aux Russes et à la plupart des populations balkaniques, les Musulmans en général, ceux de Turquie en particulier, sont considérés par beaucoup d'écrivains, un peu trop ignorants de la politique et de l'histoire, comme des peuples demi-barbares dépourvus de culture. Leur opinion est assez bien résumée dans une publication : *Etude Franco-Grecque*, dont voici un passage :

« Quoi qu'on en puisse dire, l'Islam a été et sera toujours un grand destructeur ; il n'admet d'autre science que la connaissance du Coran. Brutal, intolérant, il est l'un des plus grands fléaux qui jamais se soient abattus sur le monde. »

Evidemment, l'auteur de pareilles diatribes n'a jamais vu un des merveilleux monuments musulmans de l'Espagne, de l'Egypte et de l'Inde. Il ignore le rôle prépondérant joué par les universités musulmanes dans la civilisation européenne.

C'est pourtant avec de telles ignorances que s'écrivent les livres servant de guides aux politiciens modernes. Le chef du gouvernement anglais n'en connaissait probablement pas d'autres quand il songeait à expulser les Musulmans de l'Europe.

Sans doute, les Turcs ont successivement perdu - le plus souvent au profit de l'Angleterre — les plus importants fragments de leur empire : Bulgarie, Syrie, Mésopotamie, Palestine, Egypte, Chypre, Malte, etc., mais ils paraissent décidés, aujourd'hui, à en sauver le reste.

Le gouvernement bolcheviste, qui avait tenté d'étendre sa propagande en Turquie, n'y a obtenu aucun succès. Ses visées sur les détroits et Constantinople, conformes aux anciennes prétentions des tzars, inspirent naturellement aux Turcs une profonde méfiance.

La France pourrait en profiter pour renouer ses anciennes relations avec la Turquie, mais l'influence des socialistes entrave toute sa politique extérieure,

CHAPITRE V

LES MENACES DE CONFLITS ASIATIQUES

Pendant que se multiplient en Europe congrès et conférences destinés à rendre la paix moins précaire, des dangers plus graves, peut-être, que les menaces de guerres européennes, grandissent en Orient.

Notre petite planète est habitée, on le sait, par 1700 millions d'hommes, sur lesquels 500 millions de blancs exploitent plus ou moins à leur profit, depuis des siècles, 1200 millions d'hommes de couleur : nègres, jaunes, etc., considérés comme des races inférieures.

Aujourd'hui, ces populations, si longtemps demi-asservies, prétendent repousser leurs anciens maîtres. L'Inde et d'autres colonies réclament l'indépendance. L'Egypte, qui tient la route de l'Inde par le canal de Suez, la réclame également. La Chine ne veut plus subir l'influence étrangère.

*
* *

L'hégémonie de l'Europe sur l'Orient se trouve

d'autant plus ébranlée que la solidarité européenne qui maintenait cette hégémonie s'est désagrégée. L'Asie sait les États européens profondément divisés et incapables d'union. Elle n'ignore pas que les blancs ne pourraient plus, comme à l'époque de la révolte des Boxers, envoyer une expédition internationale en Chine.

La défaite écrasante infligée par les Japonais aux Russes a d'ailleurs montré aux Asiatiques que l'Europe n'était plus invincible.

En Orient comme en Occident, certains mots possèdent un magique empire. Des formules telles que : « L'Inde aux Hindous, l'Afrique aux Africains », soulèvent les âmes, bien que ne correspondant à aucune possibilité. Que deviendrait, par exemple, l'Inde, sans la domination anglaise? Ce qu'elle était à l'époque de la puissance mogole : une collection de royaumes profondément séparés par la race, la religion, la langue, sans industrie, sans commerce et constamment en guerre. On connaît également le sort misérable des républiques nègres : Haïti, Libéria, etc., que les hasards des guerres coloniales avaient fait naître.

Les illusions sur le pouvoir transformateur des institutions européennes que les Orientaux rêvent d'adopter, menacent également, nous l'avons vu, de désorganiser la Turquie, et les pays soumis à la loi du prophète.

Les soixante millions de musulmans qui prétentend ravir aux Anglais la domination de l'Inde deviendront peu dangereux le jour où ils auront perdu leur foi. Le bloc encore unifié par la communauté de croyances ne serait bientôt plus qu'une poussière d'hommes.

Les Orientaux sont, d'ailleurs, bien excusables de commettre des erreurs dont tant d'Européens sont victimes quand ils oublient que les phases politiques, comme les phases biologiques, ne peuvent être franchies que par étapes successives.

*
* *

Cette évolution, ou plutôt cette révolution de l'Orient, a surtout inquiété l'Angleterre, qui espérait conserver l'hégémonie commerciale du monde définitivement conquise par la dernière guerre.

On sait que la Grande-Bretagne, pays surtout industriel, est obligée de se procurer au dehors les produits nécessaires à son alimentation, alors que la France, pays agricole, pourrait, à la rigueur, vivre des produits de son sol. Il est donc naturel que les questions coloniales, un peu négligées en France, jouent un rôle capital en Angleterre.

Sans doute, les colonies anglaises constituent pour elle, comme le disait Disraéli, un moyen de s'enrichir, mais elles sont d'abord un moyen de vivre. Isolés du reste de l'univers, les Anglais périraient bientôt de famine dans leur île.

*
* *

Dans une intéressante conférence, M. Albert Sarraut, ancien ministre des Colonies, envisage comme fort menaçante une guerre que pourraient faire, sans trop de difficultés, les peuples de l'Orient à ceux de l'Occident.

Les luttes guerrières dont l'Asie semble menacer l'Europe, et qui ont vivement frappé cet homme d'Etat, ne sont pas les plus redoutables. Les luttes économiques seraient peut-être plus meurtrières.

Ce côté essentiel de la question ne paraissant pas avoir attiré l'attention de M. Sarraut, je vais résumer quelques-unes des pages que j'écrivis, jadis, à ce sujet, dans mon livre sur l'Inde, publié à la suite d'une mission en Asie dont m'avait chargé le gouvernement français.

Les luttes militaires font périr en bloc un grand nombre d'hommes, mais les luttes économiques comme celles qui se préparent entre l'Orient et l'Occident, pour être plus pacifiques en apparence, n'accumuleraient pas moins de ruines.

Par suite de l'évolution industrielle qui transforme aujourd'hui le monde, l'Orient tend à devenir l'envahisseur commercial de l'Occident, au lieu d'être, comme jadis, envahi par lui.

Invasions d'autant plus redoutables qu'elles n'amèneraient avec elles ni hommes, ni canons, c'est-à-dire rien de ce qu'on puisse vaincre, mais seulement des forces que l'on ne peut pas vaincre.

Dans la phase actuelle du monde, les armes avec lesquelles combattaient autrefois les peuples tendent de plus en plus à se transformer. Ils lutteront probablement beaucoup plus, désormais, avec leurs produits industriels et agricoles qu'avec leurs canons.

Dans une telle lutte, l'avantage cesse de plus en plus d'appartenir à l'Occident. Le rapprochement des deux mondes sous l'influence de la vapeur et de l'électricité aura bientôt pour conséquence une égalisation générale de la valeur des produits industriels et agricoles, et, par conséquent, des salaires à la surface du globe.

Naturellement, le taux moyen de ces salaires sera déterminé par celui de la journée de travail dont se contentent les peuples ayant le moins de besoins et pouvant, par suite, produire à meilleur marché.

Dans une telle concurrence, les Orientaux, qui forment la majorité du monde et qui sont en même temps les plus sobres de tous les peuples, deviendront fatalement les régulateurs des salaires. Ces salaires s'élèveront probablement un peu, mais ceux des Européens devront s'abaisser considérablement.

Nos descendants se trouveront en face d'une lourde tâche s'ils veulent demeurer quelque temps encore à l'avant-garde de l'humanité et ne pas sombrer trop vite dans l'abîme éternel où les lois de l'évolution conduisent fatalement les hommes, les empires et les dieux.

*
* *

Le bref exposé qui précède explique comment les problèmes de l'Orient seront bientôt plus graves que les maigres questions politiques qui préoccupent tant les Européens aujourd'hui. Un des plus importants, peut-être, résultera du développement rapide de la puissance du japon. Cette nouvelle puissance paraît devoir exercer en Orient une hégémonie analogue à celle rêvée par l'Allemagne et l'Angleterre en Occident.

Libéré, maintenant, de toutes influences étrangères, le Japon traite d'égal à égal avec les grandes puissances européennes. Sa flotte est une des premières du monde. Les Etats-Unis jettent des regards inquiets vers ce minuscule pays, dont il y a moins d'un siècle l'Europe connaissait à peine l'existence, et dont le rôle est devenu aujourd'hui considérable. Le petit peuple japonais resta dédaigné jusqu'au jour où, à la stupéfaction universelle, il obligea le plus vaste empire du monde à signer une humiliante paix.

Grâce à ses incessants progrès, l'Empire du Soleil Levant est capable, aujourd'hui, de tenir tête aux grandes puissances et vise à devenir maître de l'Asie.

Une de ses forces principales réside dans l'accroissement rapide de sa population. Alors que plusieurs peuples de l'Occident voient diminuer leur natalité, celle du Japon augmente annuellement de près d'un million. Nous avons rappelé déjà que les trente millions d'habitants de 1870 dépassent soixante millions aujourd'hui.

Ce surpeuplement rapide oblige impérieusement le Japon à chercher des territoires pour y verser l'excédent de sa population. Impossible de caser cet excédent en Chine, déjà trop peuplée. La place ne manquerait pas aux Etats-Unis et dans les Dominions anglais : Australie, Canada, etc. Mais Anglais et Américains ne veulent à aucun prix accepter l'invasion des jaunes et leurs raisons ont une grande force.

Ils soutiennent, en effet, que le jaune pouvant,

grâce à sa sobriété, travailler à des prix beaucoup moins élevés que ceux des blancs, ferait aux ouvriers de race blanche une concurrence désastreuse. Ils remarquent ensuite que la race japonaise se multipliant beaucoup plus vite que la race blanche, les Etats-Unis et l'Australie deviendraient, en peu d'années, par ce seul fait, de véritables colonies japonaises.

On conçoit donc que les Etats-Unis ne soient nullement disposés à suivre le conseil humanitaire donné par M. Albert Sarraut, de se serrer un peu pour faire place aux Japonais.

Les Japonais, étant bien forcés de déverser quelque part l'excédent d'une population que, prochainement, ils ne pourront plus nourrir, entreront fatalement en lutte avec les peuples refusant de les accepter sur leurs territoires.

Dans l'état actuel du monde, et à moins de découvertes scientifiques imprévues, cette lutte semble aussi inévitable que le furent, jadis, celles de l'empire romain contre les invasions germaniques déterminées, elles aussi, par un excédent de population.

J'ai beaucoup de sympathie pour le peuple japonais, depuis que j'ai appris à le connaître. J'étais très lié avec un de ses plus éminents représentants, le baron Motono, alors ambassadeur à Paris. Cet éminent homme d'Etat voulut bien traduire en japonais plusieurs de mes ouvrages et publier une longue étude d'ensemble sur mes livres de psychologie politique. Nous avons souvent causé du problème qui vient d'être exposé, sans y découvrir de solution claire. Ce sont justement les remarquables qualités des Japonais, leur sobriété, leur ingéniosité et aussi leur fécondité, qui les rendent si dangereux pour des peuples ne possédant pas des aptitudes pareillement développées. Il faut donc laisser à l'avenir le soin de résoudre un problème dont aucune solution pacifique n'apparaît encore.

* *

Dans la conférence à laquelle nous faisions allusion plus haut, M. Albert Sarraut envisage non seulement la lutte entre le Japon et les Etats-Unis, mais aussi celle de l'Europe contre tous les peuples de l'Orient, et il écrit :

« Si la conciliation n'intervient pas entre les forces antagonistes, éclatera le plus formidable conflit de l'Histoire, auprès duquel la guerre que nous avons subie cinq ans n'aura que la valeur d'une escarmouche. »

Il est évidemment possible que les peuples de l'Orient, ayant les armées russes à leur tête, envahissent un jour l'Occident. Un journaliste assurait que le traité russo-japonais serait le prélude d'une alliance entre le Japon, la Russie et l'Allemagne.

On peut échafauder sur de tels sujets une foule d'hypothèses effrayantes. Mais leur réalisation doit être envisagée comme appartenant à la série des événements sur lesquels nous ne pouvons rien, tels qu'un tremblement de terre ou le refroidissement inévitable de notre planète.

CHAPITRE VI

LES GUERRES INTÉRIEURES ET LES VOLONTÉS POPULAIRES

Les trente congrès réunis à Londres et à Paris pendant dix ans, et les règlements de la Société des Nations, avaient pour but d'empêcher les guerres entre peuples rivaux ; mais personne ne paraît s'être préoccupé des conflits entre les partis politiques d'un même peuple.

Ces conflits intérieurs sont pourtant aussi dangereux que les guerres extérieures. Si le triomphe momentané du communisme en Hongrie, en Allemagne et en Italie, s'était prolongé, il serait devenu plus destructeur encore que des guerres d'invasion.

Un coup d'œil rapide jeté sur la situation actuelle de quelques grands pays de l'Europe montrera à quel point les guerres sociales deviennent menaçantes.

Ne pouvant faire l'historique de toutes les révolutions sociales, dont la plupart des pays de l'Europe, — Allemagne, Russie, Autriche, Hongrie, Grèce, Bulgarie, Turquie, etc. — ont été récemment victimes, nous ne considérerons que les trois grandes nations latines : l'Italie, l'Espagne et la France.

*
**

On sait dans quel désordre les succès du communisme et du syndicalisme avaient plongé l'Italie. Le pillage des propriétés et des usines ainsi que les assassinats étaient journaliers. L'armée devenait hésitante, l'action du pouvoir royal complètement nulle.

Devant l'imminence d'une catastrophe, d'anciens combattants se réunirent sous le commandement d'un chef vaillant, M. Mussolini, pour tenter de sauver leur pays de l'anarchie. A la tête d'une nombreuse milice, le futur dictateur marcha sur Rome et força le roi à l'accepter comme chef du gouvernement.

L'énergie du nouveau maître lui conquit bientôt tous les suffrages. Les socialistes eux-mêmes se déclarèrent ses partisans.

Grâce à cette intervention, l'Italie fut sauvée des guerres intérieures.

L'Espagne a été — comme l'Italie — menacée d'une guerre civile et n'en fut également préservée que par un dictateur. Le coup d'Etat réalisé, en septembre 1923, par le général Primo de Rivera, et le Directoire militaire qui en est sorti ont totalement supprimé les partis politiques espagnols, toujours en luttes acharnées. Constitution, ministres, Sénat, tout a été balayé et, il faut bien le constater, à la grande satisfaction du pays.

La France n'a pas encore, depuis la paix, subi de révolutions analogues à celles de l'Italie et de l'Espagne, mais elle en est menacée par l'intervention croissante de socialistes extrémistes chaque jour plus nombreux. Son avenir, comme celui de divers pays de l'Europe, dépendra des résultats de la lutte entre les partis qui préparent les guerres intérieures et ceux qui tâchent de les prévenir.

Le conflit entre les forces de destruction et celles de cohésion grandit chaque jour. Ces deux forces s'équilibrent à peu près en France; c'est pourquoi il sera relativement facile d'y faire pencher la balance d'un côté ou de l'autre.

On en eut la preuve lorsque, pour obéir aux théories de jacobins qui préféreraient voir périr le pays plutôt que leurs principes, un gouvernement dominé par les socialistes s'aliéna tous les catholiques en supprimant l'ambassade du Vatican, et aussi, la majorité des Alsaciens en prétendant supprimer leurs anciennes libertés. Un nouveau gouvernement, comprenant que l'art de gouverner ne consiste pas à appliquer des théories, mais à tenir compte des réalités, réussit, en quelques jours, à pacifier l'Alsace en lui laissant ses libertés et à calmer les catholiques en rétablissant l'ambassade auprès du pape. C'était fort simple; mais, à un certain moment, le fanatisme des extrémistes inspirait une telle crainte que les ministres timorés n'osaient pas résister à des suggestions devenues bientôt des ordres.

****

L'action des foules est aujourd'hui prépondérante dans tous les états modernes, et c'est en partie pour cette raison que les gouvernements européens deviennent si instables. Leur existence dépend de votes populaires toujours incertains.

Un des grands dangers de l'âge actuel résulte de l'influence des masses dans la conduite des nations. Leurs sentiments sont violents, leur raison faible et leur aptitude à prévoir complètement nulle.

L'incapacité des foules à prévoir les conséquences de leurs actes et surtout de leurs votes, fut toujours un péril pour les gouvernements populaires. Elles obéissent aux impulsions du moment comme jadis Esaü vendant son droit d'aînesse futur pour un plat de lentilles présent. Cette mentalité est celle du barbare, et l'homme le plus intelligent mêlé à une foule agissante redevient un barbare.

*
* *

On s'illusionnerait fort sur l'importance des votes populaires en oubliant que le vote d'un électeur traduit beaucoup plus son mécontentement que ses opinions. C'est surtout en s'appuyant sur ce mécontentement que les meneurs conduisent les hommes.

Les électeurs qui donnèrent jadis leurs votes à un capitaine condamné à mort pour trahison, puis à un autre officier ayant voulu livrer un bâtiment à l'ennemi professaient-ils vraiment les opinions subversives que de pareils votes sembleraient supposer. En aucune façon. Ces électeurs révolutionnaires étaient simplement des mécontents.

Les votes qui en 1921 amenèrent un grand nombre

de socialistes au parlement eurent pour origine de tels mécontentements exploités par les meneurs.

Du groupe des mécontents faisaient partie des fonctionnaires irrités de ne pas obtenir les salaires réclamés, des universitaires sourdement indignés de ne pas voir reconnaître les qualités qu'ils se supposaient, de petits bourgeois exaspérés de l'élévation constante du prix de la vie, qu'ils attribuaient au gouvernement, etc.

Les candidats députés utilisèrent ces mécontentements, et firent de si brillantes promesses de réformes que les électeurs se laissèrent facilement séduire.

Les sentiments populaires sont généralement perturbés par les flatteries des politiciens. « Le peuple ne se trompe jamais », disait déjà Robespierre. Les politiciens modernes répètent cette assertion, et enseignent aux foules qu'étant les vrais souverains, elles doivent tout obtenir. Le résultat de cette propagande est d'avoir fait naître des espérances et des haines aveugles dans l'âme des multitudes.

Le mécontentement, la défiance, la jalousie et la haine sont ainsi devenus les véritables mobiles d'action des gouvernants obligés de suivre les impulsions populaires.

*
* *

L'extension dans tous les pays de l'Europe, y compris les plus rationalisés, tels que l'Angleterre et le Danemark, des sentiments que je viens d'énumérer, explique l'orientation universelle vers des partis extrémistes riches en promesses.

Il est donc naturel que la religion socialiste, avec ses mystiques espérances de bonheur, se généralise. Le communisme, qui promet aux âmes simples le retour à ces temps primitifs où le sol et les femmes étaient en commun fait également des progrès dans les couches inférieures des populations.

Comme il est impossible de faire entrer beaucoup d'idées à la fois dans les cervelles primitives, et qu'il s'agit surtout pour les meneurs d'exciter des sentiments d'hostilité, quelques formules suffisent : lutte des classes, dictature du prolétariat, suppression du capitalisme, socialisation des richesses, etc. Sur dix mille électeurs, on n'en trouverait peut-être pas un capable d'expliquer nettement le sens de ces formules, et surtout de pressentir les conséquences de leur application, mais elles impressionnent les auditeurs et cela suffit au but poursuivi par les meneurs.

Le pouvoir magique de ces formules est à l'abri de tout argument rationnel. La plupart des ouvriers restent persuadés qu'ils travaillent uniquement pour enrichir quelques patrons, que des conseils d'ouvriers remplaceraient facilement.

*
* *

Comment expliquer que tous les pays ne voient pas leur civilisation périr sous l'influence des forces révolutionnaires destructives, qui continuent à grandir, et les menaces de guerre civiles redoutables ? Pourquoi, dans certaines nations, les votes populaires ne sont-ils que transitoirement extrémistes et généralement suivis de votes très conservateurs?

Simplement parce que le mécontentement et l'irritation dont nous parlions plus haut, sont des sentiments momentanés, recouvrant un substratum rigide constitué par l'âme des aïeux. C'est en s'appuyant sur cette âme ancestrale que les dictateurs italien et espagnol purent sauver leur pays de l'anarchie.

On ne comprend bien l'histoire qu'en recherchant derrière des agitations violentes, mais fugitives comme les vagues de l'Océan, l'âme profonde de la race. Elle intervient toujours dans les grandes circonstances où les intérêts de cette race sont menacés. L'âme collective des foules est très mobile, l'âme de la race très fixe quand elle a été stabilisée par un long passé.

L'accroissement de la puissance des foules a été considérablement favorisé par l'évolution profonde de l'industrie. La multiplication immense d'ouvriers sur un même point a déterminé la création de forces collectives telles que le syndicalisme dont le rôle grandit constamment.

Guidé jadis par ses élites, le monde moderne tend de plus en plus à obéir aux volontés oscillantes des multitudes. Et comme les civilisations sont arrivées à un degré de complication auquel les cerveaux suffisamment développés peuvent seuls s'adapter, il en résulte une tendance générale des foules à ramener violemment les sociétés à des phases d'évolution inférieures mieux en rapport avec leur mentalité. Les progrès du communisme traduisent cette aspiration.

Ainsi que nous le verrons dans un prochain chapitre, les foules sont aujourd'hui en conflit avec les élites, bien qu'elles ne puissent se passer d'elles.

LIVRE IV

LES FORCES POLITIQUES NOUVELLES

CHAPITRE PREMIER

LE CONFLIT
ENTRE LES NÉCESSITÉS ÉCONOMIQUES
ET LES ANCIENS PRINCIPES

« Ce n'est pas la fortune, dit Montesquieu, qui domine le monde. Les Romains eurent une suite continuelle de prospérités quand ils se gouvernèrent sur un certain plan, et une suite non interrompue de revers lorsqu'ils se conduisirent sur un autre. »

Il est évidemment utile de posséder des principes directeurs et dangereux de les perdre. Malheureusement, ces principes ne se choisissent pas toujours, et la nécessité peut forcer à renoncer aux meilleurs. Ce n'est pas volontairement que les Romains subirent les guerres civiles qui transformèrent leur république en empire, et ce n'est pas volontairement non plus que le Sénat romain finit par laisser les légionnaires renverser et élire les empereurs, ce qui fut une des causes de la décadence de Rome.

*
* *

Les conflits entre d'anciens principes politiques et des nécessités nouvelles constituent une phase critique de la vie des peuples. Il en résulte généralement une orientation différente de leurs destinées.

L'Angleterre peut être citée comme exemple de conflits entre d'anciens principes et des nécessités imprévues obligeant à les modifier.

Un de ses principes essentiels était le libre-échange. Il avait assuré la prospérité commerciale de la Grande-Bretagne et semblait inviolable.

Mais l'Angleterre ne constitue plus un empire régissant autocratiquement des colonies lointaines. Plusieurs de ces colonies sont devenues des Dominions, possédant des parlements, presque indépendants. Ils consentirent à envoyer des troupes au secours de la métropole pendant la grande guerre, mais les y obliger eut été impossible. On en eut la preuve lorsque après la défaite des Grecs à Smyrne, le premier ministre de l'Empire britannique ayant demandé des soldats aux Dominions vit sa requête rejetée par tous.

Ces dominions se montrent de plus en plus exigeants. On le constata notamment lorsque leurs représentants réunis à Londres demandèrent que l'Angleterre, au moyen de taxes douanières sur les marchandises des autres pays, réservât principalement sa clientèle à ses anciennes colonies.

L'Australie ayant besoin de capitaux pour étendre ses chemins de fer, ses canaux, etc., affirma ne pouvoir les obtenir qu'en exportant les produits de son agriculture et de son élevage. Il fallait donc que l'Angleterre entravât, par des droits protecteurs, l'entrée sur son territoire des marchandises d'autres pays et, par conséquent, adoptât des principes contraires à la liberté d'échange qui avait créé la prospérité de l'Empire. Le premier ministre d'Australie alla jusqu'à déclarer que son pays n'accepterait la venue d'ouvriers anglais sur le territoire australien qu'autant que l'Angleterre lui assurerait ses marchés. Il fit remarquer que la Grande-Bretagne, en réservant spécialement sa clientèle aux Dominions, y trouverait les débouchés que le reste du globe ne lui fournit plus. L'Empire britannique, quoique dispersé dans les cinq parties du monde, pourrait ainsi vivre sur lui-même.

Une des difficultés du problème est que tous les dominions, le Canada notamment, n'ayant pas les mêmes intérêts ne professent pas les mêmes principes. Ceux qui possèdent, par exemple, une industrie développée, n'ont nullement l'intention de la sacrifier aux besoins des manufacturiers anglais.

Parmi les causes de la campagne protectionniste figure encore le désir de fermer en grande partie le marché britannique à la concurrence allemande et américaine. Les Anglais voudraient bien, naturellement, vendre leurs produits aux Allemands, mais acheter le moins possible les marchandises de ces derniers.

Les perturbations économiques dont l'Angleterre est aujourd'hui victime sont considérables. En 1926 elle était obligée de nourrir 1.500 mille chômeurs, charge fort lourde pour son budget.

Leur accroissement, cauchemar de la Grande-Bretagne, résulte de ce que, ayant perdu ses plus importants clients : Russie, Allemagne, Autriche, et aussi un peu l'Extrême-Orient, elle voit se réduire le chiffre de ses exportations et, par conséquent, celui de sa production.

*
* *

La lutte entre les anciens principes et les nécessités nouvelles s'accompagne souvent d'illusions politiques capables d'aveugler les peuples sur leurs véritables intérêts.

Certains pays, comme la France et la Belgique, sont difficilement gouvernables par suite des principes contradictoires des partis politiques qui se succèdent au pouvoir. Les difficultés créées par les rivalités politiques dans divers pays, Italie, Grèce, Espagne, etc., sont devenues telles que pour les surmonter il a fallu recourir à des dictatures.

L'Orient lui-même, malgré sa stabilité séculaire, n'a pas échappé au désordre engendré par les conflits entre les principes anciens et les nécessités nouvelles. J'ai rappelé comment la Turquie, dont la force était surtout d'origine religieuse, avait supprimé le chef suprême des croyants pour le remplacer par un pré-

sident de république et un parlement. Les auteurs
de cette transformation s'imaginaient sans doute que
des siècles d'hérédité peuvent s'effacer en un jour.

*
* *

Si les luttes entre les nécessités et les principes
résultaient seulement de l'apparition d'exigences économiques dues aux progrès de l'évolution scientifique et industrielle, il serait relativement facile d'en
triompher. Elles sont malheureusement aussi les
conséquences d'exigences populaires n'ayant que des
illusions sentimentales ou mystiques pour soutien.

Nous venons de voir que des peuples fort tra-
ditionalistes comme l'Angleterre, étaient obligés de
renoncer à certains principes fondamentaux de leur
politique. Elle en est même arrivée à placer momentanément à la tête de son gouvernement le chef du
parti socialiste. Il est vrai qu'en Angleterre le poids
de la tradition est si fort que ce ministre socialiste
gouverna exactement comme l'eut fait un ministre
conservateur. Loin de réduire les armements il en
accrut l'importance.

Ces conflits entre les principes anciens et les nécessités économiques nouvelles ont plongé l'Europe dans
une série de bouleversements dont la fin ne s'entrevoit pas encore.

*
* *

Les observations qui précèdent suffiraient à montrer que le gouvernement des peuples modernes est

entouré de difficultés formidables que les âges antérieurs n'avaient pas connues.

Presque isolés de leurs voisins, les anciens souverains n'avaient pas à se préoccuper des répercussions infinies que l'interdépendance des nations engendre aujourd'hui. Ils gouvernaient avec quelques principes universellement admis et rarement contestés.

La situation des conducteurs d'hommes est actuellement bien différente. Une simple erreur de jugement engendre parfois de terribles catastrophes. Pour s'être trompés dans leurs prévisions les souverains de l'Allemagne, de l'Autriche et de la Russie ont plongé leurs peuples dans un abîme de désolation.

*
* *

Ayant perdu leurs vieux principes directeurs, et entourés de forces dont la puissance dépasse souvent celle des volontés, beaucoup d'hommes d'Etat modernes gouvernent au jour le jour, dominés par la crainte des conséquences de leurs actes.

A l'exception de quelques illuminés poursuivant des chimères, les gouvernants actuels vivent dans l'incertitude et doivent souvent entendre, à l'heure du repos, la menace qui poursuivait Macbeth, devenu roi :

« Tu as tué le sommeil, Macbeth, le doux sommeil qui, de l'écheveau emmêlé de la vie, fait une pelote de soie unie... Macbeth a tué le sommeil. Macbeth ne dormira plus. »

Ces complications de la politique grandissent sans cesse. La vie matérielle et morale des peuples est bouleversée. Les idéals qui orientaient la conduite ont perdu leur prestige.

La désagrégation des anciens concepts est générale. Les vieux rêves de fraternité se voient remplacés par des haines violentes entre les divers peuples, et aussi entre les classes de chaque peuple.

L'universel mécontentement a eu, je l'ai montré, pour conséquence, dans tous les pays l'avènement de partis extrêmes proposant des formules pour assurer le bonheur.

Cette période d'anarchie ne saurait durer; l'équilibre détruit finit toujours par renaître. Nous savons ce qu'était la société d'hier, nous voyons celle d'aujourd'hui. Que sera celle de demain?

CHAPITRE II

ROLE MODERNE DES FORCES COLLECTIVES
DIVISION DES SOCIÉTÉS
EN GROUPEMENTS CORPORATIFS

En dehors du socialisme qui n'est encore qu'une menace et dont l'expérience russe a montré l'impuissance et les dangers, deux éléments politiques nouveaux jouent un rôle essentiel dans les sociétés modernes.

Le premier est la substitution des forces collectives aux forces individuelles, le second la division des grandes sociétés homogènes en petits groupes hétérogènes ou syndicats.

Les gouvernements modernes sont de plus en plus dominés par les forces collectives. Jadis, un chef d'État se préoccupait fort peu des exigences populaires. L'opinion ne pouvait guère l'influencer puisqu'elle arrivait rarement jusqu'à lui.

Il en est tout autrement aujourd'hui. Les volontés populaires agissent profondément sur les volontés conscientes et surtout inconscientes des gouvernants.

Les plus grands événements de l'histoire contemporaine, les guerres de 1870 et 1914, peuvent être donnés comme exemples d'actes attribués aux volontés de souverains supposés tout puissants, alors que ces actes sont issus en réalité de volontés collectives.

En ce qui concerne la guerre de 1870, j'ai déjà rappelé qu'elle naquit d'une explosion soudaine d'indignation populaire provoquée par une dépêche inoffensive falsifiée par Bismarck, persuadé qu'une guerre avec la France était nécessaire pour fonder l'unité allemande. Utilisant l'irritabilité collective du peuple français, il obligea Napoléon III, qui déjà malade souhaitait vivement la paix, à déclarer la guerre.

Le conflit de 1914 fut également imposé à l'empereur Guillaume par la volonté de son entourage, conforme d'ailleurs aux conclusions de tous les écrivains germaniques. En réalité, le but de sa politique était de posséder une armée et une flotte assez fortes pour imposer ses volontés sans jamais avoir besoin de déclarer la guerre.

Une des caractéristiques des volontés collectives est qu'avant d'agir sur les volontés conscientes individuelles, elles agissent d'abord sur les volontés inconscientes. La mode opère justement de cette façon : arts, toilettes, etc., pensées même, obéissent à ses lois. Son despotisme est tel que toutes les classes sociales, des plus humbles aux plus élevées, le subissent sans discussion. L'homme moderne devient de plus en plus un être collectif et l'originalité est de moins en moins tolérée.

Les opinions collectives, issues d'événements du moment, sont généralement très instables. Celles fondées sur les croyances religieuses et politiques sont au contraire assez fixes, comme l'histoire des religions et des partis politiques le prouve.

La force de ces croyances collectives est de donner à tous les hommes des volontés identiques, c'est-à-dire une unité de pensée et de sentiment qui les font agir d'une même façon dans des conditions semblables. C'est pourquoi le rôle des croyances est si considérable.

*
**

Parmi les conséquences des influences collectives qui dominent le monde moderne il faut citer la transformation progressive des sociétés en petits groupes corporatifs, dits syndicats. Uniquement préoccupés des intérêts de leurs groupes, ces syndicats restent indifférents à l'intérêt général.

Le syndicalisme et le socialisme s'associent quelquefois contre un ennemi politique commun, mais ces deux doctrines sont fort différentes.

Le socialisme veut confier à un Etat omnipotent la gestion de toutes les entreprises; le syndicalisme prétend établir dans l'Etat une série de petits états indépendants. Les formules syndicalistes : la mine aux mineurs, les chemins de fer aux cheminots, etc., représentent bien les tendances de la doctrine.

Le socialisme, surtout sous sa forme communiste, constitue, au moins en théorie, une forme parfaite d'altruisme social. Le syndicalisme représente au contraire un égoïsme de groupes complètement indifférents à l'intérêt général.

Ces syndicats se soucient fort peu, d'ailleurs, des théories politiques, le seul but les intéressant est l'augmentation de leurs salaires. Pour l'obtenir ils ne reculent pas, comme l'ont montré en France et en Angleterre les cheminots, les mineurs et les postiers, devant l'arrêt total de la vie d'un pays.

Dans sa dernière menace de grève, le syndicat anglais des cheminots annonçait qu'il arrêterait brusquement tous les trains de chemin de fer quand cela lui plairait, sans prévenir le public.

Peu importe, d'ailleurs, à ces syndicats que les chefs d'entreprise aient l'argent nécessaire pour satisfaire leurs demandes. Ils exigent qu'on impose à leur profit le reste de la nation.

C'est justement ce que fit d'abord le gouvernement anglais en accordant aux mineurs des suppléments de salaire aux frais du trésor pour empêcher la fermeture des mines. Cette maladroite concession ne pouvant durer, les subsides furent supprimés et il en résulta une grève de six mois qui menaça l'existence industrielle de l'Angleterre.

Le syndicalisme, qui divise chaque pays en groupes, animés d'intérêts corporatifs souvent contraires à l'intérêt commun, n'a conquis sa puissance actuelle qu'à la suite de l'évolution industrielle moderne chiffrant par millions les ouvriers de certaines professions, mines, chemins de fer, etc. ; mais son apparition n'est pas nouvelle dans l'Histoire. Il fit périr dans les dissensions plusieurs républiques italiennes du moyen âge, Florence notamment. Pour échapper à l'anarchie syndicaliste, l'illustre république en fut réduite à subir le joug des Médicis.

Syndicalisme et socialisme constituent aujourd'hui deux grandes forces contre lesquelles les sociétés auront souvent à lutter.

CHAPITRE III

LA LUTTE DU NOMBRE CONTRE LES ÉLITES

Toutes les civilisations furent toujours guidées par des élites, c'est-à-dire par un petit nombre d'individus possédant une intelligence supérieure à celle des multitudes.

Ces élites ont varié suivant les besoins de chaque époque, mais elles eurent toujours pour caractéristique extérieure le prestige. Dès que ce prestige s'affaiblit, l'influence de l'élite sur la foule tend à disparaître.

C'est à ce dernier phénomène que nous assistons aujourd'hui. Pour des raisons diverses, les élites perdent de plus en plus leur influence. L'aveugle multitude se dresse contre elles et prétend les remplacer.

*
* *

Comment se crée et se perd le prestige? Ayant déjà étudié cette question ailleurs il serait inutile d'y revenir. Remarquons seulement que le mécontentement général créé par l'incapacité de divers Parlements suffirait à expliquer pourquoi le prestige poli-

tique exercé jadis par certaines classes dirigeantes est
si affaibli aujourd'hui.

Tant que les élites conservent leur prestige, les
gouvernements restent assez forts pour se faire obéir;
lorsque ces élites sont divisées en groupes politiques
rivaux toujours en lutte, leur autorité s'évanouit et le
pays tombe dans l'anarchie.

En Russie, l'élite ayant fini par devenir impuissante, la victoire du nombre a été complète. En
France, les anciennes élites semblent conserver
encore quelque autorité; mais cette autorité s'affaiblit chaque jour et le torrent populaire avance. Des
députés craintifs ne cherchent plus qu'à plaire aux
volontés mobiles des électeurs et oublient de plus en
plus les intérêts généraux de leur patrie.

*
* *

Un seul pays en Europe, l'Angleterre, semblait
soustrait à la révolte du nombre. Le peuple anglais
était le plus traditionaliste de l'univers. Une politique
immuable le guidait depuis des siècles. Les volontés
des morts orientaient impérieusement les actions
des vivants. Comment un tel peuple eût-il pu se ré-
volter contre des élites dont l'influence séculaire avait
déterminé sa grandeur?

Et voici qu'une importante fraction d'une nation
qui semblait un bloc immuable, solidifié pour toujours, a récemment tenté une des plus profondes
révolutions dont les chroniques du monde aient gardé
la mémoire.

Brusquement, sur l'ordre bref d'un comité de meneurs, et sans aucun signe précurseur de l'orage, postes, usines, chemins de fer, bateaux, en un mot, tout ce qui constitue la vie journalière d'un pays, cessa de fonctionner.

Si le gouvernement n'avait pas immédiatement trouvé assez de volontaires pour remplacer sommairement les millions d'ouvriers ayant cessé le travail, l'Angleterre se fût trouvée condamnée par cette grève générale ou à périr de famine, ou à prendre comme maitres de l'empire les chefs du mouvement révolutionnaire : roi, ministres, parlement eussent disparu comme, jadis, les dirigeants de la Russie, pour faire place à la petite oligarchie de meneurs représentant la puissance du nombre.

Si cette révolution fut évitée, c'est que le gouvernement anglais conserva un prestige assez fort pour opposer une barrière au nombre; mais combien de temps encore pourra-t-il dominer une immense armée fort dangereuse parce qu'elle met une puissance considérable au service d'exigences d'une réalisation impossible ?

*
* *

Il est intéressant de remarquer que, malgré l'insistance des chefs de l'Internationale, la foule anglaise des grévistes ne trouva, en dehors de quelques platoniques adhésions de fonctionnaires français et de révolutionnaires russes, aucune aide dans les autres pays. Une fois encore, le nationalisme fut plus fort que l'internationalisme.

L'envoi de la dépêche d'adhésion de fonctionnaires

français aux grévistes anglais mérite d'être noté, parce qu'il révèle à quel point le principe d'autorité se désagrège en France. Une telle adhésion eût constitué un phénomène invraisemblable, il y a quelques années.

Si les agents de l'administration anglaise, au lieu d'aider leur gouvernement à se défendre, se fussent joints aux fonctionnaires français pour se mettre du côté des révoltés, toute la puissance de l'Angleterre se fût écroulée rapidement.

Parmi les enseignements de la grève anglaise, un des plus tyiques est l'obéissance aveugle des syndiqués aux ordres impératifs de leurs chefs. Jamais despote asiatique ne fut plus servilement obéi.

La même obéissance s'observa en Italie et en Espagne, lorsque l'énergique action des dictateurs supprima les violences exercées par le syndicalisme. Elle constitue une caractéristique de l'âme populaire. Les foules sont trop incapables de penser et de raisonner pour se passer d'un chef.

Dans les révolutions analogues à celle dont la nation anglaise faillit être victime, l'influence des meneurs est rendue facile parce qu'elle a pour soutien des intérêts aussi visibles qu'une promesse d'augmentation de salaires ; mais l'Histoire prouve que les multitudes ne sont pas toujours conduites par des motifs aussi intéressés. Des mobiles très immatériels, comme une croyance politique ou religieuse, suffisent parfois à les entraîner. J'en ai donné de frappants exemples dans un livre jadis publié sous ce titre : *Les Opinions et les Croyances.*

*
* *

La lutte du nombre contre l'élite s'est répétée plus d'une fois au cours de l'Histoire. De l'antiquité grecque à nos jours, elle a coûté à divers peuples leur indépendance.

Les moyens permettant de dominer l'anarchie créée par la révolte du nombre ne sont pas nombreux. La dictature d'un chef est un des plus efficaces. Nous avons déjà dit et y reviendrons encore, que c'est à cette méthode qu'eurent recours, récemment, l'Italie et l'Espagne pour échapper aux désordres causés par les socialistes.

Les formes nouvelles des aspirations populaires ont été nettement marquées par lord Grey, dans les lignes suivantes relatives à la grève anglaise :

« La grève générale a posé un problème dans lequel la question des salaires des mineurs disparaît entièrement. Il ne s'agit pas, maintenant, de savoir ce que seront ces salaires, mais si le gouvernement démocratique parlementaire doit être renversé. C'est par ce gouvernement démocratique que la liberté a été conquise et c'est par lui seul qu'elle peut être maintenue. Les autres solutions sont le fascisme ou le communisme. L'un et l'autre sont contraires à la liberté et lui sont funestes. Ni l'un ni l'autre ne permettent la liberté de la presse, de la parole, la liberté d'agir et la liberté même de se mettre en grève. »

C'est justement parce que l'idéal démocratique dont vivaient les nations modernes a perdu son empire sur les âmes que plusieurs peuples sont entrés dans une période de bouleversements qui ne prendra fin que le jour où naîtra un idéal assez fort pour unifier les pensées et pacifier les cœurs.

CHAPITRE IV

LES PÔLES POLITIQUES NOUVEAUX
ET LES FUTURS MAITRES DU MONDE

Les pôles politiques du monde se sont souvent déplacés, au cours de l'Histoire. Ninive, Babylone, Thèbes et Memphis ont disparu dans la nuit éternelle après avoir soumis de nombreux peuples à leurs lois.

Sans remonter à ces époques lointaines, voisines de la phéhistoire, que de changements depuis moins de cent cinquante ans! Paris, momentanément devenu la vraie capitale de l'Europe sous l'égide d'un grand capitaine; la Prusse, presque rayée de la carte du monde par le même conquérant, arrivant à fonder un empire assez puissant pour disputer à l'Angleterre son hégémonie commerciale et rêver l'asservissement de l'Europe.

A l'autre extrémité de l'univers, une petite colonie anglaise, jadis perdue au sein de tribus sauvages qui semblaient devoir bientôt l'anéantir, devenue si grande et si forte, sous le nom d'Etats-Unis, qu'elle rivalise aujourd'hui avec la formidable puissance britannique.

Parmi ces nouveaux venus sur la scène du monde,

il faut encore citer une petite île, jadis ignorée, peuplée d'hommes jaunes alors sans prestige, devenue assez puissante pour imposer un traité de paix au gigantesque empire des tzars et rêver la domination de l'Asie.

*
* *

L'Histoire enseigne que tout pouvoir politique qui grandit aspire à l'hégémonie et tente de conquérir ses voisins jusqu'à ce qu'il soit conquis à son tour.

L'Allemagne n'a pas échappé à cette antique loi. Peu de temps avant la guerre, l'empereur Guillaume assurait que la divine Providence, dont il connaissait les décrets par de mystérieuses voix, avait confié à l'Allemagne le gouvernement des peuples. Cette constatation ne faisait que préciser, d'ailleurs, les enseignements des philosophes et des savants germaniques sur la supériorité supposée du peuple allemand.

La guerre terminée, ce fut l'Angleterre qui prétendit exercer son hégémonie sur le monde. Dans un de ses discours, le premier ministre de l'empire britannique, M. Lloyd George, homme pieux connaissant les volontés du ciel, déclarait à son tour, je l'ai rappelé déjà, « que la Providence avait visiblement désigné l'Angleterre pour gouverner les peuples. »

Ses compatriotes acceptèrent sans peine cette révélation, mais les Américains ne l'admirent pas du tout. Après être venus au secours de l'Europe, ils rêvaient de la dominer financièrement d'abord, industriellement ensuite, en raison des supériorités diverses dont leur race les rendait, suivant eux, détenteurs.

Il n'est pas de regard assez pénétrant pour lire les pages de la future Histoire. Bornant les observations à l'heure présente, on doit bien constater que les Etats-Unis tendent à réduire une partie de l'Europe à un de ces vasselages financiers d'où le vasselage politique découle bientôt. Un créancier suffisamment fort impose toujours ses lois à son débiteur.

L'Angleterre a très bien compris cette situation et, pour éviter de tomber sous la tutelle financière de l'Amérique, s'est empressée de régler sa dette avec elle espérant, d'ailleurs, se faire rembourser par la France.

Si cette double opération avait pu complètement réussir, l'empire britannique eut évité d'être le vassal financier des Etats-Unis, alors que la France tombait à la fois sous le vasselage de l'Angleterre et sous celui de l'Amérique.

*
* *

On sait que, d'après certains arrangements, la France devrait payer sa dette envers les Etats-Unis en soixante-deux annuités, dont les premières seraient de trente millions de dollars (soit neuf cents millions de francs par an au cours du change) et les dernières de cent vingt-cinq millions (soit, en monnaie française, environ trois milliards). Cette dette extérieure de la France sera doublée quand viendra s'y ajouter celle de l'Angleterre.

Les journaux français ont accueilli avec une résignation un peu irritée ces conventions. Les lignes suivantes du *Gaulois* résument assez bien l'opinion générale :

« ...Nous ne pensons pas qu'aucun homme en possession de son bon sens, des deux côtés de l'Atlantique, puisse croire qu'un règlement aussi draconien soit supportable par six générations de Français. »

Le chiffre des dettes françaises est en voie de devenir tellement invraisemblable que leur paiement semblera bientôt impossible.

Un grand journal anglais, le *Morning Post*, faisait, à propos de la situation financière actuelle de la France, les réflexions suivantes :

« ...Les pays alliés sont appelés à supporter les charges qui résultent de la défaite, alors que les Allemands jouissent d'une prospérité qui reviendrait de droit aux vainqueurs. La réalité de la guerre est qu'elle s'est déroulée exclusivemen' sur les territoires alliés; la réalité de la paix, que ce sont les Alliés qui ont à supporter tous les frais. »

Ce n'est pas ici le lieu d'examiner la prodigieuse série de maladresses économiques et diplomatiques qui amenèrent nos gouvernants à consentir d'aussi écrasants paiements à l'Angleterre et à l'Amérique, alors que l'Allemagne était de plus en plus dégrevée dans des conférences successives.

Le « Français moyen », étranger à toutes ces erreurs, voit seulement que l'Angleterre et l'Amérique, qui ont immensément profité de la guerre, prétendent faire payer à la France les frais d'une opération jugée si lucrative que lord Curzon reconnaissait, en plein Parlement, que « les bénéfices de la guerre avaient dépassé pour l'Angleterre tout ce qu'elle aurait pu rêver. »

*
* *

Si les diplomates français acceptèrent, au début de la paix, les combinaisons dont les résultats heurtent violemment le bon sens populaire aujourd'hui, c'est qu'à cette époque, si rapprochée par le nombre des années mais si lointaine par le changement des idées, ils professaient à l'égard des interventions de l'Angleterre et de l'Amérique des opinions bien erronées.

La France, suivant eux, devait à l'Angleterre et à l'Amérique une reconnaissance éternelle. N'était-ce pas simplement pour défendre le bon droit outragé que ces deux puissances étaient généreusement venues à son secours?

Tous les documents publiés depuis cette époque, — parmi lesquels les aveux des intéressés eux-mêmes — ont montré que les interventions en faveur de la France n'eurent aucune trace de générosité pour mobile. Ce fut uniquement dans leur propre intérêt que l'Angleterre et l'Amérique participèrent au conflit. Elles n'y entrèrent, d'ailleurs, qu'à la dernière extrémité, et alors qu'il leur était vraiment impossible d'agir autrement.

En ce qui concerne l'Angleterre, si sa première intention avait été de se joindre à la France, elle l'eût déclaré avant les hostilités, et l'empereur d'Allemagne n'eût vraisemblablement pas entrepris la guerre. Elle ne se décida à y participer que lorsque la marche des Allemands sur Anvers et Calais lui montra de quel danger sa puissance maritime était menacée.

La France est, en réalité une alliée indispensable pour l'Angleterre. Comme l'écrivait justement le *Morning Post :*

« C'est sur la France que nous devons compter pour nous venir en aide dans les dangers à venir. La sécurité de la France est une condition de la sécurité de l'Angleterre. »

Supposons que l'Angleterre eut laissé vaincre la France en ne se mettant pas à ses côtés combien de temps se serait-il écoulé avant que l'empire britannique subit le même sort ? Si la Grande-Bretagne put rester neutre en 1870, c'est qu'alors l'Allemagne ne possédait pas une flotte suffisante pour résister à celle de l'Angleterre.

La dernière guerre fut, en réalité, une lutte entre les aspirations hégémoniques commerciales de l'Allemagne et celles de l'Angleterre. On pourrait donc dire, sans paradoxe, que l'Angleterre vint au secours de l'Angleterre avec le concours de la France. Les incidents de la Serbie et de la Russie constituèrent simplement des causes occasionnelles d'un conflit que diverses circonstances rendirent mondial, mais qui n'était, au fond qu'une guerre anglo-germanique.

Des observations analogues pourraient être formulées pour l'Amérique, qui n'entra dans le conflit qu'après y avoir été forcée par le torpillage de ses vaisseaux de commerce. Malgré ses hésitations, elle finit par comprendre de quel poids aurait pesé sur elle le triomphe de l'Allemagne.

*
* *

Alors que la France a été ruinée par la guerre, l'Angleterre et les Etats-Unis ont largement bénéficié du conflit.

« La guerre, écrivait un grand journal anglais, a valu aux Etats-Unis une prospérité illimitée et en a fait l'arbitre financier du monde. »

La prospérité actuelle de l'Amérique est indubitable. Elle a pu, sans se gêner, prêter plus de cent milliards à l'Europe, équiper une importante armée et créer de toutes pièces une immense flotte. Grâce à une technique supérieure, résultat de son système d'éducation, elle tend à dépasser, au point de vue industriel, tous les peuples du monde. Ses ouvriers sont les mieux payés de l'univers, et leur aisance est supérieure à celle d'un grand nombre de bourgeois européens.

C'est aussi au développement du régime capitaliste, si honni des doctrinaires socialistes européens, que les Etats-Unis doivent en grande partie leur prospérité industrielle et la richesse de leurs citoyens. On conçoit aisément, dès lors, le mépris avec lequel ils rejettent les utopies socialistes.

C'est justement parce que l'Europe tend de plus en plus à se courber sous l'étatisme, phase ultime du socialisme, qu'elle devient impuissante à lutter industriellement et commercialement contre les pays repoussant, comme les Etats-Unis, cet oppressif régime.

Laissant de côté les causes et tenant compte seulement des effets, on peut dire que les Etats-Unis d'Amérique s'apprêtent à priver l'Europe de son antique prépondérance et à devenir les grands pôles politiques du monde.

*
* *

Comme le faisait remarquer un journal espagnol, *Sol* du 8 septembre 1926, l'Europe doit tâcher de s'unir pour contrebalancer la puissance commerciale et financière de l'Amérique et se relever économiquement.

« Elle possédait avant la guerre des crédits immenses sur l'Amérique. Bien que politiquement indépendant, le nouveau monde devait de grandes sommes à l'Europe. Avec les intérêts l'Europe payait les matières premières et les aliments qu'elle recevait d'Amérique.

Tout cela a changé. Aujourd'hui c'est l'Amérique qui est créancière. »

Les lignes suivantes, extraites d'un rapport des experts de la commission des réparations, publiées par le *Temps* du 4 février 1927, montrent à propos de l'Allemagne à quel point devient étroite la domination financière exercée par les Etats-Unis sur l'Europe :

« L'Allemagne, disent-ils, est entièrement entre les mains des Etats-Unis, qui, par les sommes énormes qu'ils lui ont prêtée, la tiennent complètement sous leur domination Elle fera ce qu'ils voudront. Si les Etats-Unis tiennent la main à ce que l'Allemagne paie, et ils feront tous leurs efforts pour cela, elle s'exécutera. »

Si l'on considère que l'Angleterre et la France doivent probablement aux Etats-Unis des sommes aussi importantes que l'Allemagne, on entrevoit combien pourrait être lourde dans l'avenir la tyrannie financière de l'Amérique. C'est une forme d'hégémonie que le passé n'avait pas connue.

Si l'Europe continuait à s'endetter à l'égard de l'Amérique, on pourrait considérer comme une forme nouvelle d'esclavage l'obligation où elle se trouverait d'être assujettie à de durs labeurs pour payer un lourd tribut annuel à une nation devenant infiniment riche pendant que l'Europe deviendrait infiniment pauvre.

Cet avenir est, d'ailleurs, peu probable pour diverses raisons, notamment celle-ci, qu'avec l'évolution mentale actuelle du monde, les peuples préféreront toujours la guerre à une forme quelconque de servitude.

LIVRE V
NÉCESSITÉS DÉTERMINANT LES INSTITUTIONS POLITIQUES
POURQUOI L'EUROPE MARCHE VERS LA DICTATURE

CHAPITRE PREMIER

LA DÉCADENCE DU PARLEMENTARISME ET L'ÉVOLUTION DES PEUPLES VERS LA DICTATURE

Beaucoup d'écrivains, de Platon et Aristote à Montesquieu, ont disserté sur les avantages et les inconvénients des diverses formes de gouvernement : monarchie, république, etc.

C'est dans les temps modernes seulement qu'on a bien compris que les institutions traduisent les besoins d'un peuple à une époque déterminée et ne dépendent pas du caprice des législateurs. Le césarisme ne fut pas créé par César, mais imposé à César. Si Bonaparte n'eut pas mis fin à l'anarchie révolutionnaire, un autre général eut agi comme lui.

Sans la crainte inspirée par les socialistes, Napoléon III n'eut pas recueilli sept millions de suffrages.

Il semble démontré aujourd'hui, malgré des illusions très répandues encore, surtout chez les extrémistes, que les institutions politiques ne se décrètent pas. Elles naissent des besoins d'un pays, de sa situation géographique, etc. C'est ainsi, par exemple, que dans les temps antiques, la vie politique et sociale de l'Egypte fut déterminée par les crues du Nil.

De nos jours, l'importance des influences extérieures n'a fait que grandir, la possession du charbon a déterminé l'évolution économique de l'Angleterre, puis de l'Allemagne et leurs aspirations à l'hégémonie.

Les peuples changent parfois leurs institutions mais ils se bornent le plus souvent à en modifier les formes extérieures. La centralisation de la France moderne n'a fait qu'accentuer celle de l'ancien régime. L'Allemagne démocratique d'aujourd'hui est bien voisine de l'Allemagne monarchique d'hier. On a dit avec raison :

« La pensée, la philosophie, la littérature allemandes, depuis Hegel, subordonnent l'individu à l'Etat, l'absorbent dans l'Etat, alors que c'est précisément sur l'opposition de l'individu et de l'Etat, sur la souveraineté de l'individu contrôlant l'Etat, qu'est fondée la démocratie. »

*
* *

Malgré ces évidences, les illusions sur la puissance réformatrice des lois restent générales. Des cohortes de législateurs prétendent, au moins chez les peuples latins, transformer la vie sociale à coups de décrets.

Sans doute des conditions exceptionnelles ont permis aux révolutionnaires russes de transformer la vie sociale de la Russie. Mais cette transformation apparente, loin d'être contraire aux conceptions qui précèdent, n'a fait que les justifier. On voit en effet, que malgré un pouvoir absolu et le massacre total des opposants, le régime communiste étatiste russe, imposé par la force, retourne graduellement au régime si abhorré de l'initiative privée, du capitalisme et de la propriété individuelle.

Suivant les observations d'un diplomate publiées dans la *Revue hebdomadaire* :

« Les Soviets en sont réduits à admettre le retour à l'ordre normal de toutes les sociétés humaines : la propriété privée, la liberté des transactions, la monnaie, bientôt l'héritage...

Il n'y a guère que les commerces d'exportation et d'importation qui soient restés encore un monopole de l'Etat. »

Si le régime communiste a pu se prolonger en Russie, bien que heurtant plusieurs des conditions fondamentales d'existence des peuples, ce fut simplement parce qu'il eut pour défenseurs des paysans entre lesquels les terres avaient été partagées. J'ai déjà fait remarquer ailleurs que ce fut précisément pour une raison analogue (vente à vil prix des propriétés seigneuriales à la bourgeoisie), que la Révolution française put se maintenir quelque temps malgré ses violences. Tant que les paysans russes resteront possesseurs des terres, ils s'opposeront naturellement à tout retour de l'ancien régime.

La grande difficulté pour un peuple n'est pas de

choisir les institutions les meilleures, mais d'accepter celles adaptées à sa structure mentale. Il va parfois de révolution en révolution avant de les découvrir.

Nous sommes justement à un âge où les peuples ayant perdu leur foi dans des institutions qui ne leur ont pas évité les ruines d'une guerre désastreuse, cherchent à les remplacer. Ils s'adressent naturellement aux formes politiques les plus intelligibles, c'est-à-dire les plus simples, et c'est pourquoi l'antique régime autocratique qualifié de dictature reparait partout.

Parmi les causes prépondérantes de cette nouvelle évolution se trouve l'impuissance des collectivités constituées par les parlements, devant les complications de l'âge moderne.

Les assemblées parlementaires se sont toujours montrées impuissantes à résoudre des problèmes difficiles. Leur capacité est médiocre, comme celle de toutes les collectivités. Elles obéissent toujours à quelques meneurs, esclaves eux-mêmes d'autres meneurs : les clubs pendant la Révolution, les comités électoraux et les congrès de nos jours. On sait avec quel craintif respect les socialistes les plus autoritaires de la Chambre actuelle attendent les décisions des congrès de leur parti : autorisation ou défense d'entrer dans une combinaison ministérielle, etc.

Dans toute assemblée politique, aussi bien à l'époque révolutionnaire que de nos jours, les groupes extrêmes à volontés fortes arrivent vite à dominer les groupes modérés à volontés faibles.

Si avancé que soit un parti, il se voit lui-même bientôt menacé par un autre qui, pour le supplanter, renchérit sur chacune de ses propositions.

Ce phénomène de la surenchère, qui contribua à rendre les parlements si impuissants, s'observa toujours dans les grandes assemblées. Camille Desmoulins s'en plaignait déjà. Elle conduisit les Girondins à la guillotine, où les suivirent rapidement d'autres renchérisseurs : Danton, puis Robespierre.

Aujourd'hui comme autrefois, la surenchère, momentanément utile à ses auteurs, finit par leur devenir funeste. Les socialistes de notre Parlement en firent l'expérience lorsque après avoir promis aux électeurs, pour obtenir leurs suffrages, la réduction des impôts, ils se virent obligés au contraire de les augmenter.

*
* *

Dans l'évolution actuelle du monde, les Parlements de plusieurs états de l'Europe se sont montrés tellement inférieurs à leur tâche qu'il fallut bien, ou les supprimer, comme en Espagne, ou les placer, comme en Italie, sous l'autorité d'un dictateur capable de gouverner le pays.

L'impuissance des Parlements à s'adapter aux conditions nouvelles de l'évolution moderne est devenue si évidente que, même en Angleterre, berceau du parlementarisme, les journaux présagent sa fin. Voici comment s'exprimait récemment, à ce sujet, un des principaux organes anglais, la *Westminster Gazette* :

« Le système parlementaire perd du terrain dans toute l'Europe occidentale. Les partis conservateurs n'aiment pas un système qui implique un gouvernement faible, dont l'existence précaire n'est faite que de compromis. Les socialistes se rendent compte qu'avec le système actuel, ils ne pourront jamais effectuer quelques-unes de leurs réformes sociales. C'est pourquoi ils n'en sont pas plus partisans que les conservateurs. On dirait certainement que nous allons traverser une période de gouvernements autocratiques. »

. Nos députés sont entourés d'une atmosphère d'illusions que les réalités ne franchissent plus. Courbés sous la domination de socialistes menaçants, impérieux et bruyants, hantés par la crainte d'électeurs auxquels furent faites d'irréalisables promesses, ils votent les mesures les plus dangereuses, et se perdent dans de byzantines discussions, renversant les ministres sous les plus futiles prétextes. Un ancien rapporteur de la commission des finances, M. Lamoureux, a tracé dans les termes suivants cet aspect de la vie parlementaire :

« Pendant six mois j'ai eu affaire à sept ministres des finances, à quatre présidents du conseil et j'ai dû soutenir quatre projets de budget. »

Si le parlementarisme continue à se maintenir dans quelques pays il subira forcément la transformation suivante :

Pouvoir dictatorial confié à un premier ministre par le Parlement pour une période limitée de quatre ou cinq ans.

M. Lloyd George, en Angleterre, a exercé pendant quatre ans une dictature analogue, mais il fut renversé par un simple vote du Parlement, alors que les futurs premiers ministres dictateurs devront être indépendants de tels votes,

*
* *

L'évolution des gouvernements européens vers des formes diverses de dictature semble inévitable mais il est impossible d'indiquer avec certitude de quels partis politiques proviendront les futurs dictateurs.

Dans une intéressante étude, le savant historien Madelin, après avoir insisté sur la marche de l'Europe vers le césarisme, ajoutait : « que les dictateurs ne sortent généralement pas des partis dits réactionnaires, mais, au contraire, des partis de gauche. » Bonaparte fut appuyé, en effet, par les Montagnards ayant échappé à la guillotine, et Mussolini appartenait, jadis, au parti socialiste avancé. Sans doute, les dictateurs peuvent sortir du parti populaire. C'est pourquoi la future dictature pourrait bien être une dictature socialiste rappelant la Commune de 1871, avec ses massacres et l'incendie des plus beaux monuments de la capitale, mais l'histoire montre aussi que les dictateurs peuvent venir de partis fort divers. Le dictateur Sylla était chef du parti aristocratique, et Marius, chef du parti populaire. De nos jours, Napoléon III qui, à ses débuts, doit être considéré comme un simple dictateur, fut poussé au pouvoir aussi bien par la droite que par la gauche, et il est difficile de dire que le dictateur espagnol Primo de Rivera ait été, en Espagne, le représentant des partis avancés.

Quoi qu'il en soit de ces interprétations, on peut dire que si l'évolution politique actuelle de l'Europe continue, les peuples en seront réduits à choisir entre une dictature fasciste, une dictature militaire ou une dictature communiste.

Ce n'est pas la force de l'idéal démocratique qui préservera les états européens des dictatures. Cet idéal s'est profondément modifié depuis la Révolution française. De la vieille devise : « Liberté, égalité, fraternité », toujours gravée sur nos murs, l'égalité seule a conservé son prestige. La fraternité a été remplacée par la lutte des classes, et de la liberté, les partis politiques n'ont nul souci.

Nous montrerons bientôt comment s'est faite, dans plusieurs grands pays européens, la transformation de monarchies constitutionnelles en dictatures.

*
* *

En dehors des considérations psychologiques précédentes, le mouvement qui se dessine de plus en plus en Europe contre le parlementarisme peut être considéré comme une phase nouvelle de l'antique lutte entre les forces individuelles qui dirigèrent toujours le monde et les forces collectives qui prétendent les remplacer.

Les forces collectives restent immenses mais, privées de direction, elles sont surtout destructrices. Dès qu'un peuple s'élève à certaines formes compliquées de civilisation, les pouvoirs collectifs, comme les parlements, deviennent incapables de le gouverner.

Les forces individuelles pouvant être constructives sont nécessaires à la direction des forces collectives. La pensée individuelle est aux puissances collectives ce qu'est le gouvernail d'un cuirassé à la masse formidable du vaisseau. Ce gouvernail paraît bien faible ; sans lui pourtant, le navire se briserait vite sur les écueils.

Jamais la lutte entre les forces individuelles et les forces collectives ne fut aussi violente qu'aujourd'hui. Syndicalisme, communisme et toutes les variétés du socialisme se coalisent contre l'individualisme. La colossale et catégorique expérience de la Russie n'a encore converti personne.

*
* *

Le parlementarisme, issu des votes populaires, avait établi une sorte de transaction entre la pensée individuelle et les forces collectives ; mais, avec les nécessités de l'évolution moderne, les Parlements sont devenus, en raison même des infériorités psychologiques de toutes les collectivités, totalement impuissants, quand ils n'ont pas à leur tête une personnalité suffisamment forte. C'est justement pourquoi, depuis plusieurs années, les premiers ministres des divers parlements tendent comme je le disais plus haut à se transformer en véritables dictateurs.

Ainsi, par des voies nouvelles, l'individualisme arrive à reprendre son rôle de conducteur du monde. S'il devait succomber devant la force brutale et aveugle des foules, les grandes civilisations subiraient une décadence qui précèderait de bien peu la fin de leur histoire.

CHAPITRE II

LES FORMES RÉCENTES DE DICTATURE
RÉALISÉES EN EUROPE

Les dictatures nouvellement nées en Europe ont revêtu des formes diverses suivant les pays : prolétarienne en Russie, militaire en Espagne, en Turquie, en Pologne et en Grèce, politique en Italie.

Laissant de côté la dictature prolétarienne russe, qui ne diffère qu'en théorie de l'ancien tzarisme, la dictature grecque, qui ne représente qu'un conflit d'ambition militaire, les dictatures polonaise et turque qui restent encore un régime demi-constitutionnel, nous n'envisagerons ici que les dictatures italienne et espagnole. Nous dirons ensuite quelques mots de la demi-dictature spontanément réalisée en France à l'époque de la chute du franc.

***

La dictature italienne sortit de l'excès du désordre dans lequel socialistes et syndicalistes avaient plongé l'Italie. Meurtres et pillages ne se comptaient plus. L'armée restait indifférente, le roi impuissant.

On sait comment un citoyen énergique, M. Mussolini, mit fin au désordre en marchant sur Rome à la tête d'une légion d'anciens combattants et détermina le roi à l'accepter pour chef de son gouvernement.

Le peuple italien l'acclama comme un sauveur et en fait, le dictateur, dégagé de l'influence d'un parlement qu'il ne conserva que pour la forme, sut réorganiser rapidement son pays.

Résumant les doctrines du nouveau maître, le *Matin* écrivait :

« Mussolini parle des principes de 1789 comme de l'antithèse des siens. A l'égalité il a substitué la hiérarchie, à la liberté la discipline, à la fraternité la dévotion aux destins de la patrie. »

L'énergie et le jugement du dictateur le firent accepter par tous les partis, y compris le communisme et le syndicalisme. Les dirigeants de la Confédération du Travail demandèrent à s'associer au nouveau gouvernement. Beaucoup de socialistes renoncèrent à leurs théories.

Cette conversion des socialistes ne constituait pas, d'ailleurs, un phénomène bien nouveau. Seule, la rapidité de cette conversion pouvait étonner.

Un des plus influents socialistes déclara « mort le socialisme idéologique ». Ajoutant, très justement, que la guerre avait fourni une preuve catégorique que « le sentiment de race a toujours prévalu sur l'idéologie de l'unité internationale de classe ».

Le dictateur italien a fourni des preuves indubitables de capacité politique. Suivant lui : « les divisions entre bourgeois et prolétaires sont de vieilles méthodes de classement qui ont fait leur temps. »

Il s'est très bien rendu compte que dans les temps modernes la puissance des chefs d'Etat, rois, ministres ou dictateurs même dépend en grande partie de conditions économiques extérieures dont les gouvernements ne sont pas maîtres. C'est ainsi, par exemple, que la vie industrielle de l'Italie dépend en grande partie de l'Angleterre et des divers pays qui lui fournissent le charbon qu'elle ne possède pas. Ces nécessités que le monde n'avait pas encore connues influencent considérablement la politique étrangère des nations qui s'y trouvent soumises.

Pour faire pénétrer dans l'âme simpliste des foules l'importance des conditions économiques qui régissent aujourd'hui la vie des peuples, le dictateur italien se propose de donner un ministère aux organisations ouvrières, « afin de les convaincre que l'administration d'un Etat est chose extrêmement difficile et complexe, qu'il n'y faut guère improviser, ni faire table rase, comme il est arrivé au cours de certaines révolutions ».

Le jour où ces vérités élémentaires pénétreront dans l'âme des multitudes de sérieux progrès se trouveront réalisés.

En attendant, le dictateur a pris des mesures fort sages, qu'un parlement n'aurait jamais pu imposer.

« Il a également compris que, contrairement aux théories socialistes, un gouvernement moderne « doit laisser à l'initiative privée le maximum de liberté d'action et renoncer à toutes législations, interventions et entraves qui peuvent sans doute satisfaire les démagogies parlementaires, mais qui, comme l'expérience l'a démontré, n'aboutissent qu'à être absolument pernicieuses. Tous les systèmes économiques négligeant la libre initiative et les ressorts individuels seront, dans un bref délai, voués à une complète faillite.

Désireux d'appliquer ces conceptions, le dictateur s'est proposé de confier à l'industrie privée plusieurs monopoles, notamment celui des téléphones. »

Ces mesures judicieuses représentent exactement le contraire de ce que les socialistes veulent réaliser en France.

L'œuvre de Mussolini ne peut être bien appréciée qu'en prenant l'utilité comme élément de jugement. L'opinion générale en Europe a très bien été formulée par M. Churchill à l'ambassade d'Angleterre de Rome devant une réunion de journalistes, et dont le *Matin* du 21 janvier 1927 a donné l'extrait suivant :

« Il est parfaitement absurde de dire que le gouvernement italien ne s'appuie pas sur une base démocratique.

Si j'avais été Italien, je suis sûr que j'aurais été entièrement avec vous, depuis le commencement jusqu'à la fin, dans votre lutte victorieuse.

Votre mouvement a rendu service au monde entier.

L'Italie a démontré qu'il y a une manière pour combattre les forces subversives. Cette manière est d'appeler la masse du peuple à une coopération loyale avec l'Etat. L'Italie a démontré qu'en défendant l'honneur et la stabilité de la société civile, elle donne l'antidote nécessaire au poison russe. »

Laissant de côté l'Italie, — qui constitue un des rares exemples où une dictature prolongée ait été utile à un peuple — arrivons à l'Espagne.

La dictature espagnole eut pour auteurs des officiers dirigés par le général de Rivera. Elle fut comme en Italie la conséquence d'un état d'anarchie contre lequel la royauté restait impuissante.

Le dictateur a rappelé dans ses proclamations que les assassinats socialistes se multipliaient d'inquiétante façon. Depuis trois ans, des centaines de citoyens étaient tombés sous les coups extrémistes. Parmi eux figuraient un président du Conseil, un archevêque, quatre gouverneurs civils et de nombreux chefs d'industrie. Syndicalistes et communistes ne se ménageaient d'ailleurs pas entre eux. C'est ainsi que le chef du syndicat des charretiers fut assassiné par des extrémistes encore plus extrémistes que lui.

Tous ces meurtres restaient impunis. La magistrature tremblait et l'anarchie commençait à gagner l'armée. Des juntes militaires, — associations de type soviétique, — prétendaient imposer leurs volontés aux ministres, régler les conditions d'avancement, etc. L'indiscipline devenait générale ; plusieurs provinces entamaient des mouvements séparatistes.

La dictature espagnole fut donc aussi nécessaire que la dictature italienne. Après avoir éliminé les ministres et le parlement, le dictateur espagnol gouverna son pays avec un directoire composé de dix généraux.

Ce Directoire, annonçait le général de Rivera durera, « jusqu'à ce que des hommes capables et d'une moralité absolue soient trouvés pour gouverner l'Espagne ». On les cherche encore.

Convaincu de l'impuissance grandissante des gouvernements constitutionnels le roi subit toutes les volontés du dictateur, y compris la confiscation des biens personnels d'anciens ministres choisis par lui. Sans doute a t-il pensé, en signant de pareilles mesures, que les rois modernes finiront par posséder moins de liberté que les plus humbles de leurs sujets.

Au moment où j'écris ces lignes, le dictateur de l'Espagne est menacé, selon une loi commune à toutes les dictatures militaires, des rivalités de généraux ambitieux, désireux d'accéder à leur tour au pouvoir. L'histoire des républiques espagnoles de l'Amérique donne une idée assez claire du sort des pays dans lesquels la puissance des compétitions individuelles est supérieure à celle des lois.

*
* *

La France n'a pas été obligée de subir un régime dictatorial aussi absolu que ceux de l'Italie et de l'Espagne ; mais, pour la sauver de l'anarchie financière dont elle était menacée, il fallut confier au Président du Conseil un pouvoir demi-dictatorial constitué par le droit de formuler des décrets sans prendre l'avis du Parlement. Les événements qui amenèrent cette situation ont été exposés par l'importante revue anglaise *New statesman* du 15 janvier 1927 dans les termes suivants :

« Le franc continuait à tomber. M. Briand forma un nouveau cabinet avec M. Caillaux aux finances.

M. Caillaux ne put gagner la confiance publique. Le franc descendait sans arrêt. La Chambre était en ébullition. La populace donnait des signes de colère. Le capital s'évadait du pays. Le Trésor était vide. M. Herriot joua un peu le rôle de paratonnerre lorsque le 17 juillet il renversa le cabinet Briand-Caillaux. Son propre ministère fut renversé après une seule journée d'existence. Dans les rues, comme le franc touchait presque 250 à la livre sterling, les foules réclamaient une trêve des partis. Le bloc des gauches, ou cartel, avait jeté sa nef sur les rochers et la France se trouvait « à deux doigts » de la ruine. Et c'est alors que M. Poincaré accepta un devoir formidable. Il travailla avec célérité. Les clameurs s'apaisèrent.

Le franc fut arrêté au bord de l'abîme et ramené à une position qu'il pût défendre. Une caisse d'amortissement fut créée pour venir en aide au Trésor. La Chambre, profondément alarmée, fit tout ce qui lui fut demandé, et rapidement M. Poincaré fit voter des lois et obtint l'autorisation de gouverner par décrets qui, dans la période précédente, avait été farouchement combattue par les députés. Le budget fut voté en trente-six jours. Depuis des générations, la France n'avait pas eu le spectacle que lui donnait l'action de M. Poincaré. »

*
* *

Quoi qu'il en soit de l'avenir des divers régimes, il faut bien reconnaître que si les peuples sont les uns après les autres poussés vers des formes variées de dictature, c'est qu'elles correspondent à des nécessités nouvelles que l'évolution moderne du monde a fait surgir.

CHAPITRE III

RAISONS PSYCHOLOGIQUES DU DANGER DES DICTATURES

Après avoir montré l'utilité des dictatures à certains moments de la vie des peuples, il importe aussi d'en mentionner les dangers.

L'autorité d'un dictateur étant, par définition, soustraite à tout contrôle, ses erreurs peuvent, comme le prouve l'histoire, entraîner un peuple vers d'irréparables désastres. Lorsque Napoléon III, aveuglé sur les plus évidents intérêts de la France, favorisa l'écrasement de l'Autriche par la Prusse, il préparait sa future défaite en 1870 et la guerre de 1914 qui en représente une lointaine conséquence.

Durant la lutte mondiale, ce fut par une série de maladresses, dont chacune constituait un acte dictatorial, que Guillaume II amena les pacifiques commerçants des Etats-Unis à entrer dans le conflit. Cette lourde faute lui fit perdre une guerre dont l'issue restait fort douteuse avant l'intervention américaine.

J'ai déjà rappelé que l'Angleterre commit des erreurs du même ordre, notamment quand le ministre Lloyd George usa de son pouvoir presque dictatorial pour lancer la Grèce contre la Turquie dans l'espoir de conquérir indirectement Constantinople.

La politique dictatoriale du même ministre envers la France ne fut pas plus heureuse. Elle faillit faire perdre à l'Angleterre une alliance qui lui était aussi nécessaire qu'à son ancienne alliée.

Bien d'autres exemples montrent la funeste influence que peuvent parfois exercer les dictateurs. Les plus puissants que le monde ait connus depuis longtemps furent Lénine en Russie, et, pour un instant en Europe, le Président Wilson. Lénine ramena la Russie à la barbarie et le Président Wilson fut un des principaux auteurs de la désorganisation européenne actuelle.

Dès son arrivée en Europe l'illustre homme d'État américain vit ses décisions dictatoriales acceptées comme des oracles. Oubliant que les empires naissent de nécessités historiques accumulées et ne sont pas créés par la raison pure, il prétendit refaire la carte de l'Europe en ne prenant que l'idéologique principe des nationalités pour guide. Ce principe lui inspira la rédaction d'un traité de paix où, dédaignant mille ans d'histoire, l'Europe fut découpée en petits états, sans vie économique possible et toujours prêts à s'entre-déchirer.

*
* *

Les dictatures prolongées présentent cet autre danger d'amener rapidement l'affaissement du caractère de ceux qui les subissent. Sans doute la dictature d'Auguste mit fin aux guerres civiles et assura pour longtemps la prospérité de l'Empire. Mais, sous l'influence despotique de ses successeurs, l'âme romaine se désagrégea et perdit les qualités de caractère qui avaient maintenu à travers les âges la grandeur de Rome.

La soumission des Romains à la puissance impériale était devenue complète. Lorsqu'un César de la décadence pénétrait au Sénat, les sénateurs tremblaient devant lui et applaudissaient avec frénésie quand, sur un simple soupçon, le maître envoyait quelques-uns d'entre eux au supplice. Les Conventionnels ne montraient pas moins de servilité lorsqu'ils applaudissaient Robespierre marquant pour l'échafaud les collègues ayant cessé de lui plaire.

*
* *

Si les dictatures ont une tendance à se perpétuer, c'est que la plupart des hommes, pour s'éviter l'effort de se guider eux-mêmes, cherchent un maître capable d'orienter leurs pensées et leur conduite.

Jamais les peuples ne parlèrent plus qu'aujourd'hui de liberté et jamais pourtant ils ne se soumirent aussi facilement à toutes les servitudes. Si le besoin d'égalité ne cesse de grandir, l'idée de liberté a perdu tout prestige. Certains partis, le communisme par exemple, la rejettent complètement et attendent avec respect les ordres venus de lointains despotes. Des millions de syndicalistes se conforment aux injonctions impérieuses de leurs chefs. Sur un geste de ces maîtres, les chemins de fer d'un pays cessent de fonctionner, les mineurs d'extraire du charbon,

les flottes marchandes suspendent leur commerce.
Tous les éléments de la vie sociale se trouvent ainsi
paralysés.

Les purs socialistes ne se soucient pas davantage
de liberté. Leur rêve est un étatisme étroit gouver-
nant avec rigidité la vie des citoyens. Les lois votées
sous leur influence n'ont fait qu'effacer de plus en
plus les traces de liberté dont les hommes jouissaient
encore. Dans les pays latins ils semblent s'y résigner
facilement.

Ici nous touchons à un élément psychologique fondamental dont la connaissance éclaire ce qui précède.
Si les universités des Etats-Unis considèrent comme
essentielle l'éducation du caractère, si négligée des
universités latines, c'est qu'elles savent bien que
l'homme qui parvient à se dominer lui-même n'a pas
besoin d'être gouverné par d'autres. Possédant une
discipline interne qui le dispense de toute discipline externe, il est son propre dictateur. Rien ne
remplace pareille dictature.

LIVRE VI

LES ILLUSIONS SUR L'ORIGINE
ET LA RÉPARTITION DES RICHESSES

CHAPITRE PREMIER

LES ILLUSIONS SUR LA NATURE DU CAPITAL

La haine du régime dit capitaliste est devenue un des éléments fondamentaux du socialisme et du communisme. Leur but principal est de détruire ce régime soit violemment, soit au moyen d'amputations répétées imposées au capital.

Bien que les illusions ne se réfutent guère avec des mots, il ne sera pas inutile de résumer brièvement les idées qu'on peut se faire aujourd'hui sur la nature du capital.

Ce résumé montrera, une fois encore, que l'incompréhension des mots, beaucoup plus peut-être que celle des idées, se trouve à l'origine de bien des mouvements révolutionnaires.

Examinons donc le sens réel du terme *capital*, l'un des plus chargés d'illusions de l'âge moderne.

Pour les socialistes, le capital résulterait uniquement d'un prélèvement sur le salaire des ouvriers. Son principal rôle serait de constituer des rentes à une catégorie d'exploiteurs qualifiés de capitalistes.

***

Certaines idées très répandues encore sur le capital correspondent à une phase ancienne d'évolution. que les progrès de l'industrie ont fait disparaître depuis longtemps.

Sous sa forme primitive, le capital était représenté par des trésors, l'or notamment, accumulés dans des coffres d'où ils sortaient rarement ; sa valeur restait par conséquent invariable.

Aujourd'hui, le capital est sorti des coffres, et sa grandeur, loin d'être invariable, varie sans cesse Elle dépend en effet de divers facteurs : l'intelligence entre autres.

J'ai déjà montré dans un précédent ouvrage que la richesse d'un individu ou d'un peuple dépend de la rapidité de circulation du capital dont il dispose. Peu importe que le capital soit minime si, grâce à l'influence des facteurs capacité et travail, sa vitesse de circulation devient considérable.

Cette loi est analogue à celle qui régit en mécanique la grandeur de la force vive. Elle est égale, on le sait, au demi-produit de la masse par le carré de la vitesse. Une balle de masse petite, mais animée d'une grande vitesse, est beaucoup plus pénétrante qu'une balle cent fois plus lourde, mais de faible vitesse.

Cette analogie mécanique doit être introduite dans les définitions de la richesse. L'or enfermé dans un coffre représente une balle de fusil immobilisée. La vitesse seule rend actifs l'or et la balle.

Il faut donc toujours, dans les définitions de la richesse, considérer ces deux facteurs : grandeur du capital et rapidité de sa circulation.

Dans la richesse le facteur vitesse dépend surtout de la capacité : capacité technique de l'ouvrier et surtout capacité de la direction.

Ces notions fondamentales se répandent de plus en plus. Résumant mes explications à ce sujet, M. l'ingénieur en chef Marcel Bloch rappelait, dans un remarquable rapport sur l'organisation des chemins de fer, ma démonstration que l'importance du capital dépend de la vitesse de sa circulation. Un capital relativement modeste, mais à circulation rapide, aura bientôt une grandeur très supérieure à celle d'un capital important mais à faible vitesse de circulation. La vitesse c'est de la richesse. Travailler vite c'est s'enrichir, travailler lentement c'est s'appauvrir.

*
* *

Dans les trois facteurs dont se compose le capital moderne : l'or, l'intelligence et le travail, l'intelligence est généralement le plus important. On a constaté depuis longtemps, en Amérique surtout, que dans beaucoup d'usines le rendement était au moins doublé en y introduisant le facteur capacité.

Contrairement aux croyances communistes, la capacité intellectuelle, qui dépassait à peine jadis en valeur la capacité manuelle, lui est, aujourd'hui, si supérieure que la seconde ne peut plus rien sans la première.

C'est la capacité intellectuelle qui permet de réaliser les découvertes dont profite l'humanité, alors que la capacité manuelle ne profite guère qu'à chaque travailleur. On a évalué à un tiers du revenu actuel de l'Angleterre la part imputable à la capacité d'une petite élite.

Le capital est devenu aujourd'hui l'élément essentiel de la vie industrielle; vouloir le réduire par toute une série de mesures vexatoires comme le rêvent les socialistes, c'est méconnaître son rôle prépondérant dans la vie des peuples. Un impôt sur le capital n'a d'autre résultat que d'augmenter le prix des objets et de rendre l'existence plus chère.

*
* *

Ces notions, un peu abstraites pour des ouvriers latins, sont bien comprises de leurs confrères américains. Plusieurs journaux ont mentionné la pétition signée par des ouvriers pour obtenir qu'un grand constructeur d'automobiles fût exempté des impôts capables de réduire son capital. Les signataires comprenaient parfaitement que ces impôts auraient pour résultat final d'augmenter le prix de vente des automobiles dont un grand nombre d'entre eux étaient acquéreurs.

L'impôt sur le capital n'est qu'une illusion. Création de l'envie et de la haine, il ne ferait qu'appauvrir davantage les classes dont il prétend améliorer le sort.

Les théories socialistes ont été réfutées tant de fois et ont reçu un si clair démenti des expériences tentées dans divers pays, qu'il serait inutile d'y revenir.

Le régime dit capitaliste se modifie, d'ailleurs, chaque jour. Le capital, qui soutient les industries, se diffuse actuellement de plus en plus en un tel nombre de mains qu'il n'y aura bientôt plus d'individus pouvant être qualifiés de grands capitalistes.

*
* *

A quelques-unes des considérations qui précèdent sur le régime capitaliste, les socialistes répondent que, s'ils veulent supprimer les capitalistes, leur intention n'est nullement de détruire le capital, mais bien de le remettre aux mains de l'État, qui serait alors chargé de la gestion de toutes les industries.

Malheureusement pour cette conception, des expériences cent fois répétées ont prouvé que les produits des industries gérées par l'Etat, c'est-à-dire par un personnel non intéressé au succès des entreprises, reviennent beaucoup plus cher que ceux dus à l'industrie privée. Le prix de revient des marchandises fabriquées dans les pays étatisés serait tel qu'elles ne pourraient concurrencer à l'étranger les produits dus à l'industrie des pays ayant échappé au régime socialiste. La Russie soviétique en fournit un frappant exemple.

***

Ne pouvant entrer ici dans l'étude détaillée des questions concernant le capital et la monnaie qui le représente, je me bornerai à résumer en propositions brèves quelques points fondamentaux :

— La valeur d'un capital dépend surtout de la rapidité de sa circulation.

— La richesse d'un peuple ne réside pas dans l'or qu'il possède, moins encore dans des monnaies artificielles sans garantie, fabriquées à volonté. Un peuple est pauvre ou riche, suivant que les produits de son sol, de ses usines, de son commerce, sont inférieurs ou supérieurs à ses besoins.

— Un peuple s'appauvrit lorsqu'il consomme plus qu'il ne produit ; c'est ce qui arrive lorsque les marchandises qu'il fabrique deviennent, par suite de la réduction des heures de travail ou d'autres motifs, trop chères pour être exportées.

— Quand un peuple exporte une quantité de marchandises d'une valeur exactement égale à celle qu'il importe, sa monnaie, fût-elle entièrement fiduciaire, garde le même pouvoir d'achat.

— Lorsqu'un peuple importe plus de marchandises qu'il n'en exporte, et si faute de ressources il est obligé d'effectuer ses paiements en monnaie fiduciaire, cette monnaie subit une perte dépendant du degré de confiance que l'acheteur lui accorde. Les marchandises achetées au dehors augmentant forcément de prix, l'élévation du coût de la vie en sera la consé-quence.

— Dans les échanges de marchandises de valeur équivalente, l'or n'intervient que comme unité de compte, sans qu'il soit besoin de le déplacer des caisses où il est conservé.

— Lorsque le débiteur d'un capital de grandeur quelconque dispose d'un temps suffisant, il peut, par le mécanisme de l'amortissement, réduire cette dette, si grande qu'on la suppose, à un chiffre aussi faible qu'on le désire.

CHAPITRE II

LES CONFLITS ENTRE L'INTELLIGENCE, LE CAPITAL ET LE TRAVAIL

Le mécontentement général, dont les effets ont été étudiés plusieurs fois au cours de cet ouvrage, s'observe surtout dans la masse ouvrière bien que sa situation matérielle n'ait jamais été aussi satisfaisante qu'aujourd'hui. Les salaires, même en les ramenant à l'ancien étalon-or, ont considérablement augmenté.

Mais, à mesure que ces salaires s'élevaient, naissaient de nouvelles aspirations et de nouveaux besoins qui dépassèrent bientôt les moyens de les satisfaire. Par un phénomène déjà observé à la veille de la Révolution, la haine des classes inférieures à l'égard des classes supérieures s'est accrue en même temps que, par leurs ressources, les premières se rapprochaient des secondes. On pourrait énoncer, comme une loi de philosophie politique que, dans la vie des peuples les grandes inégalités de situation sociale se tolèrent facilement alors que les inégalités légères ne se supportent pas.

Le besoin d'égalité et la haine de l'autorité sont devenus des caractéristiques de la mentalité populaire moderne. Le rêve de nombreux travailleurs est de s'emparer violemment des mines, des usines, des chemins de fer, etc., pour les administrer à leur profit. Les formules : la mine aux mineurs, les chemins de fer aux cheminots, etc., synthétisent parfaitement ces aspirations.

L'illusion des classes ouvrières est de croire qu'elles gagneraient quelque chose à cette transformation alors qu'elles y perdraient beaucoup.

Les productions industrielles modernes exigent, en effet, non seulement des capitaux mais surtout des capacités. Sans elles les industries les plus brillantes péricliteraient rapidement.

Le public entier profite des concentrations industrielles actuelles, dues à la combinaison des grands capitaux et des grandes capacités. Il est évident, par exemple, qu'un petit patron n'occupant qu'une dizaine d'ouvriers aura fatalement des prix de revient plus élevés que celui dont l'usine comprend un millier de travailleurs. Le petit patron est en effet obligé, pour vivre et payer ses frais généraux, de prélever une part importante sur le travail de chaque ouvrier, alors qu'un chef d'usine employant, je suppose, mille ouvriers, gagnerait soixante-quinze mille francs par an en se bornant à prélever journellement vingt-cinq centimes de bénéfice sur le travail de l'ouvrier payé cinquante francs par jour.

Réduire les prix de revient, comme le fait la grande industrie, dite capitaliste, c'est, en réalité, accroître l'aisance des ouvriers puisque, avec la même somme, ils peuvent acheter plus d'objets.

***

L'observation démontre que si le rôle du capital est important dans l'industrie moderne, celui de l'intelligence l'est plus encore. Seul, en effet, le capital intellectuel peut faire fructifier le capital matériel.

Aucune comparaison n'est possible entre la psychologie d'un chef d'entreprise et celle des ouvriers qu'il dirige. Travaillant à ses risques et périls, engageant de gros capitaux et oscillant sans cesse entre la richesse et la ruine, c'est-à-dire entre des sanctions personnelles très rigoureuses, le grand industriel exerce nécessairement, dans la civilisation moderne, une action considérable.

« Si la petite île anglaise arrive à nourrir quarante-sept millions d'habitants dans un pays où ne pouvaient vivre, au temps de la reine Elisabeth, que cinq millions de personnes, elle ne le doit pas, comme le fait observer l'Economiste Lysis, à ses travailleurs manuels, mais à ses chefs d'entreprise, à ses techniciens. »

***

Les socialistes essaient de persuader aux classes ouvrières qu'elles gagneraient beaucoup plus qu'aujourd'hui en s'emparant des mines, des usines et de toús les moyens de production pour en confier la gestion à l'Etat.

L'expérience a cependant prouvé, ainsi qu'on l'a souvent rappelé, que les usines administrées par des chefs non intéressés au succès des entreprises donnaient de pauvres résultats. Celles gérées par l'Etat — tabacs, allumettes, par exemple — fournissent des produits extrêmement coûteux. Celles administrées par des ouvriers — la verrerie de Carmaux, entre autres — donnent des résultats plus médiocres encore, même avec des ingénieurs intelligents mis à leur tête.

La faible valeur des gestions ouvrières est encore démontrée par l'histoire des coopératives de production, qui ont échoué presque partout, alors que les coopératives de consommation, qui vendent, mais ne produisent pas, réussissent généralement.

Des raisons psychologiques très simples expliquent ces échecs. Un directeur à traitement fixe, élu par les travailleurs, n'a ni l'indépendance d'action, ni le pouvoir, ni l'initiative, ni même l'intérêt nécessaire à la bonne marche d'une entreprise.

*
* *

Un des grands problèmes modernes est la répartition équitable des bénéfices de la production entre les trois sources de cette production : intelligence, capital et travail.

Nombreux furent les essais effectués pour modifier cette répartition.

La solution du problème serait très simple, si les producteurs, participant aux bénéfices, participaient également aux pertes, comme les actionnaires de toutes les entreprises industrielles.

Mais ce que les ouvriers réclament, c'est de participer aux bénéfices et non aux pertes.

Les socialistes soutiennent que les bénéfices devraient revenir en totalité aux ouvriers ; or, comme nous le disions plus haut, il est évident que sans le capital, qui supporte seul l'installation des entreprises et les risques à courir, et sans l'intelligence, qui dirige, aucune production économique n'est possible.

Il est évident aussi que les grands industriels ont tout intérêt à faire participer l'ouvrier aux bénéfices, afin de l'intéresser à la bonne marche de l'entreprise et stimuler son activité. C'est ce qui se fait à peu près partout maintenant.

De nombreuses statistiques démontrent qu'aujourd'hui la part de l'ouvrier grandit constamment alors que celle du capital et de l'intelligence se restreint de plus en plus.

D'après les renseignements fournis par *L'Illustration Economique*, les bénéfices des entreprises minières se répartiraient de la façon suivante :

« 49 p. 100 à la main d'œuvre, 48,10 p. 100 à l'entretien et à la réfection de l'outillage, 2,90 p. 100 seulement au capital.

Supposons que ces 2,90 p. 100, versés comme rémunération du capital, soient répartis entre les ouvriers, le salaire de chacun s'en trouverait accru de bien peu. »

Examinant les bénéfices d'une des plus prospères usines du monde, celle d'Essen, qui occupait avant la guerre 439.000 ouvriers, recevant par an 870 millions de marks de salaires, le même auteur fait remarquer que la répartition entre les ouvriers de la totalité des sommes distribuées en dividende aux actionnaires n'eût procuré à chacun d'eux que 240 marks par an. L'abandon total des bénéfices aux ouvriers n'ajouterait donc qu'une somme infime à leur salaire.

Non seulement la répartition totale des bénéfices

entre les ouvriers n'augmenterait que d'une façon insignifiante leurs salaires, mais en outre cette augmentation provisoire serait rapidement suivie d'une réduction considérable. Bientôt, en effet, la disparition de l'intelligence directrice entraînerait une diminution importante de la production des usines.

Les ouvriers et leurs meneurs se font donc de grandes illusions en supposant qu'une entreprise dirigée par eux, ou simplement sur la gestion de laquelle ils exerceraient un contrôle prépondérant, leur rapporterait plus de bénéfices qu'ils n'en touchent actuellement.

*
* *

L'expérience et le raisonnement étant sans influence sur les convaincus, les illusions ouvrières, restent indestructibles. Malgré toutes les démonstrations, les socialistes continuent à professer à l'égard du capital une haine intense qui, dans les pays où leur influence peut s'exercer, se manifeste par des lois vexatoires, désastreuses pour l'industrie.

Au cours d'une conversation relatée par *Le Temps*, un observateur autrichien faisait remarquer qu'à Vienne, la municipalité socialiste s'est appliquée par tous les moyens à supprimer peu à peu le capital, à tarir l'une après l'autre toutes les sources de l'énergie et de l'activité humaines : impôts extravagants sur les automobiles, dont le seul résultat a été d'anéantir cette industrie et de priver de travail de nombreux ouvriers ; impôts non moins extravagants sur la fabrication des objets de luxe qui faisait vivre

Vienne et dont le prix, démesurément majoré par les taxes, les a rendus invendables à l'étranger, etc.

« Il faut, disait le même observateur, venir à Vienne pour se rendre compte des conséquences lamentables qu'entraîne l'application des doctrines socialistes. »

Un Américain, qui venait de visiter l'Europe, ajoute à ce propos :

« J'ai l'impression que, presque partout, les gouvernements font leur possible pour que ceux qui sont riches cessent bientôt de l'être et que ceux qui ne le sont pas n'aient aucune envie de le devenir. C'est ce dernier point surtout qui est grave. On s'efforce d'imposer à tous la même médiocrité paresseuse. »

« En Amérique, nous ne voyons aucun inconvénient à ce qu'il y ait beaucoup de riches, et le nombre de ceux qui le deviennent s'accroît de jour en jour. Et, cependant, il n'y a pas de pays au monde où les ouvriers touchent d'aussi gros salaires et soient aussi contents. »

Les socialistes se soucient peu de telles considérations. Leurs mesures vexatoires dérivent d'un idéal de basse envie qui ne peut se satisfaire qu'en appauvrissant les riches pour établir l'égalité dans la misère.

*
* *

La lutte que nous voyons grandir, entre les classes, n'est pas nouvelle. Elle se manifesta bien des fois au cours des siècles et occasionna la chute de puissants empires. La Grèce antique, notamment, en fut victime. De la guerre du Péloponèse à la conquête romaine, l'histoire grecque n'est que le récit des luttes entre les classes fortunées et celles qui ne l'étaient pas. Aveuglés par les mêmes illusions que les socialistes modernes, les Grecs crurent, après avoir acquis l'égalité des droits politiques, pouvoir imposer au moyen de lois l'égalité des conditions. Le seul résultat obtenu fut une série de guerres civiles et de dévastations.

Avant ces dissensions intestines, les Grecs possédaient une civilisation que les peuples mirent bien des siècles à égaler. Des philosophes comme Socrate, Platon et Aristote, des artistes comme Praxitèle, des organisateurs comme Alexandre, illuminaient le monde de leur génie. Un siècle et demi après cette période, unique dans l'Histoire, les luttes sociales avaient conduit la Grèce à une si complète décadence que les Romains n'eurent aucune peine à la réduire en servitude. Les descendants des grands hommes, dont la gloire demeure si vivante encore, furent vendus comme esclaves sur les marchés de Rome. L'évolution des peuples change souvent, mais les lois psychologiques qui en orientent le cours restent invariables.

CHAPITRE III

COMMENT L'AMÉRIQUE A RÉSOLU LE PROBLÈME
DE LA LUTTE DES CLASSES

L'Histoire se compose surtout du récit des conflits entre peuples et des luttes entre les diverses classes d'un même peuple.

Les conflits entre peuples eurent, parfois, des résultats utiles. C'est par les armes que Rome établit sa civilisation dans le monde et finit par imposer une paix universelle.

Mais si les guerres entre peuples eurent parfois des résultats heureux, celles entre les classes d'un même peuple n'engendrèrent que des désastres et la fin de plusieurs civilisations. Ce sont les dissensions entre classes, nous venons de le voir à l'instant, qui conduisirent la Grèce à la servitude et condamnèrent la république romaine à subir le joug des empereurs.

De nos jours, les guerres entre classes furent également l'origine de lourds désastres. Les luttes sociales de 1848 amenèrent la dictature impériale qui se termina par Sedan.

Des événements plus récents encore ont montré les conséquences des luttes de classes. Elles provoquèrent la décadence de la Russie et le massacre des intellectuels auxquels ce vaste empire devait quelque apparence de civilisation.

L'Italie faillit subir un sort analogue. Elle n'échappa aux massacres et aux ruines qu'enfantent toujours les luttes de classes que par l'énergique intervention d'un dictateur. On sait aussi que ce fut seulement l'influence d'un chef de gouvernement provisoirement doué de pouvoirs dictatoriaux qui sauva la France d'une faillite financière résultant des menaces de luttes de classes dues au pouvoir croissant des socialistes.

Donc, à tous les âges, chez tous les peuples, sous toutes les latitudes, hier comme aujourd'hui, des luttes de classes déterminent fatalement la ruine des peuples qui en sont victimes. Il faut donc considérer comme grands bienfaiteurs de l'humanité les hommes découvrant les moyens sûrs d'éviter de telles luttes.

*
* *

Une des premières tentatives réalisées pour établir l'union entre les classes sociales est due au Christianisme. Ne pouvant supprimer les différences résultant d'inégalités héréditaires, il promit aux fidèles un paradis futur où tous les hommes seraient égaux.

Cette bienfaisante chimère donna, pendant des siècles, des espérances empêchant les hommes de trop souffrir des inégalités dont ils étaient victimes. Alors même que le Dieu des chrétiens irait rejoindre les divinités du monde antique dans le vaste panthéon où reposent les dieux morts, il faudrait toujours saluer avec respect la grande ombre qui voila aux hommes, pendant de longs siècles, les duretés du sort.

Mais l'heure a sonné où les croyances religieuses ont perdu leur pouvoir pacificateur sur les âmes. Il fallait donc découvrir d'autres moyens pour effacer les inégalités que les peuples modernes ne supportaient plus.

L'union des classes de situations diverses semblant impossible aux socialistes, ils proclamaient la nécessité d'une lutte entre ces classes. Leur but final n'était pas, d'ailleurs, d'établir une égalité générale mais de soumettre, comme ils y réussirent en Russie, les classes supérieures aux classes inférieures. La formule « dictature du prolétariat » résume bien cette conception. Contre de telles menaces l'Europe civilisée cherche à se défendre aujourd'hui.

*
* *

Ce grand problème de l'union des classes, considéré comme insoluble par des moyens pacifiques, a cependant été résolu de la plus brillante façon aux Etats-Unis, grâce à l'application de certains principes économiques et psychologiques.

Sous leur influence, l'ouvrier est devenu l'associé et l'ami du patron, et se trouve, on ne saurait trop le rappeler, dans une situation supérieure à celle de la plupart des bourgeois européens.

Le succès obtenu par les Américains est d'autant plus remarquable qu'eux aussi ont dû, comme en Europe, subir des conflits de classes. Sans doute, le socialisme étatiste n'a jamais pu influencer les ouvriers américains, qui le considèrent comme une forme d'esclavage acceptable seulement par des mentalités inférieures ; mais le syndicalisme, très puissant pendant longtemps aux Etats-Unis, y fut l'origine de sérieux conflits entre ouvriers et patrons avant l'union établie aujourd'hui.

*
* *

L'association de classes que la mentalité et les intérêts semblaient devoir toujours séparer, a eu pour auteurs des industriels éminents, doués d'une sagacité économique et psychologique fort remarquable.

La fusion des classes obtenue par eux a été constatée dans beaucoup de publications, et tout récemment encore, par une délégation d'ouvriers anglais envoyée en Amérique par le *Daily Mail*.

Les rapports de ces délégués ont été traduits par la Société d'Encouragement pour l'Industrie ; ils sont précédés d'un résumé de M. de Fréminville où est montré à quel point sont devenues cordiales les relations entre ouvriers et patrons.

« La prospérité actuelle de l'industrie des États-Unis, écrit cet auteur, résulte, dans une grande mesure, de relations entre patrons et ouvriers absolument différentes de celles qui existent dans les usines de la Grande-Bretagne. Ces relations reposent, du reste, sur une conception entièrement nouvelle des intérêts du patron et de l'ouvrier. »

En Amérique, patrons et employés sont des associés ; en Angleterre et en France, des ennemis. Cette brève formule condense leur histoire.

*
* *

La principale cause de la situation actuelle de l'industrie américaine tient, en grande partie, à l'application de divers principes fondamentaux dus au grand industriel Taylor.

« Avant lui, on se trouvait en présence de conceptions économiques contradictoires. Les uns croyaient que le chômage, et par conséquent la misère que l'ouvrier avait dû subir périodiquement, ne pouvait être évité qu'en limitant la production. A ces assertions, Taylor et son école opposaient que le plus bas prix de revient est parfaitement compatible avec le salaire le plus élevé ; le haut salaire de l'ouvrier, augmentant sa puissance d'achat, crée pour l'industrie un marché énorme, en face duquel la surproduction n'est pas à craindre.

« Un état de choses nouveau succéda bientôt à celui que Taylor rencontrait en prenant contact avec l'industrie. Les patrons comprirent très vite qu'une production infiniment supérieure à celle d'autrefois était possible, mais qu'il fallait, pour l'obtenir, organiser le travail dans ses moindres détails, éviter à l'ouvrier toute fatigue inutile, le payer largement afin de l'intéresser à l'application de toutes les mesures de nature à augmenter sa production. L'ouvrier devait être traité en collaborateur, en associé ; il fallait tout faire pour améliorer ses conditions d'existence.

« L'ouvrier s'est facilement prêté à l'emploi des nouvelles méthodes. Les syndicats eux-mêmes, renonçant aux luttes antérieures, se sont laissé entraîner dans le mouvement général.

« Suivant la nouvelle école, l'ensemble des ouvriers constituerait l'énorme majorité des consommateurs, le marché même de l'industrie. Ce marché est d'autant meilleur que la puissance d'achat de l'ouvrier est plus grande, c'est-à-dire que les salaires sont plus élevés, et que les produits de l'industrie peuvent être offerts à des prix plus bas ».

Tous les délégués anglais qui ont constaté les résultats des méthodes américaines venaient d'un pays en proie à une crise industrielle d'une gravité exceptionnelle, dont les anciennes formules de la lutte des classes, du contrat collectif, des démarcations jalouses entre ouvriers et patrons, de la restriction de la production, n'avaient pu donner la solution.

Ce qui précède montre nettement que la mentalité des ouvriers américains est devenue fort différente de celle des travailleurs anglais et français, en lutte constante avec le patronat. M. A. de Tarlé a très bien montré dans les lignes suivantes les formes de ce conflit en Angleterre :

« Même lorsque les meneurs des Trade's unions permettent aux ouvriers de travailler, ils restreignent leur travail de telle sorte qu'il en résulte les plus graves inconvénients. Par exemple, un navire est retenu au port 24 heures de plus qu'il ne faudrait, parce que à la fin de la journée il reste quelques rivets à poser, et que les ouvriers refusent de travailler les quelques minutes nécessaires pour achever la réparation.

« Les mécaniciens travaillant aux pièces ne doivent fixer que 300 à 360 rivets dans la même journée. Aux États-Unis, ils en fixent 700. Un ouvrier anglais ne peut pas travailler aux pièces sans y être autorisé par son syndicat. La plupart des usines sont fermées aux ouvriers non syndiqués. Les Américains estiment que ce système est un crime économique dont pâtit le consommateur, car il empêche l'industrie britannique de soutenir la concurrence étrangère. »

Le rapporteur qui résume les dépositions des ouvriers anglais pose les questions suivantes :

« Les salaires élevés, aujourd'hui de règle aux États-Unis, sont-ils la cause de la prospérité actuelle ou son effet ? La production élevée a-t-elle succédé aux salaires élevés, ou vice versa ? »

Ces questions ont été posées à toutes les personnes compétentes. L'opinion générale était nettement que la politique des hauts salaires a précédé la production plus importante et plus économique et, par conséquent, la consommation et la prospérité plus grandes.

D'après les dernières statistiques le marché national consommerait 92 p. 100 des marchandises produites aux Etats-Unis. L'Amérique peut donc se passer aisément de l'Europe et n'a pas à craindre de surproduction, puisqu'elle consomme presque tout ce qu'elle produit.

***

Ne pouvant rapporter ici toutes les intéressantes observations consignées dans les rapports des ouvriers anglais, j'en citerai seulement quelques-unes.

Suivant les enquêteurs, plus de 87 p. 100 de l'industrie des Etats-Unis sont entre les mains des grandes Compagnies. Le capitalisme, si redouté des socialistes européens, est un des principaux éléments de succès de l'industrie américaine. Les enquêteurs ont constaté que les grosses usines, exigeant naturellement d'importants capitaux, sont bien plus avantageuses pour les ouvriers que les petites.

Le problème de la participation aux bénéfices a été résolu de la plus simple façon, en Amérique. Les chefs d'entreprise facilitent aux ouvriers l'achat d'actions de leurs usines.

C'est une méthode dont j'avais signalé l'importance il y a fort longtemps.

Le système du travail aux pièces est peu pratiqué aux Etats-Unis. Les salaires sont rarement au-dessous de dix livres par semaine (environ douze cents francs de notre monnaie actuelle ou soixante mille francs par an).

L'ouvrier américain touche, généralement, une pension quand il est trop âgé pour travailler. Des assurances mettent sa famille à l'abri, en cas d'accident.

***

L'amélioration du confort de l'ouvrier américain est l'objet de méticuleuses recherches. L'expérience a prouvé que de telles améliorations sont aussi profitables au patron qu'à l'ouvrier. C'est ainsi qu'il a été constaté qu'en munissant les tabourets de dossiers, l'ouvrier était moins fatigué et son rendement sensiblement accru.

Association entre patrons et employés, hauts salaires, soins constants donnés aux ouvriers, perfectionnements de l'outillage : telles sont les causes principales de la prospérité industrielle des Etats-Unis. Elle devient chaque jour supérieure à l'industrie européenne, rongée par la lutte des classes et les illusions socialistes.

L'association amicale entre patrons et ouvriers est l'application d'un principe psychologique que connaissaient sûrement les hommes de la préhistoire, mais si fréquemment oublié qu'il faut le redécouvrir constamment.

Cet antique principe peut être formulé dans les termes suivants : l'intérêt individuel étant très supérieur à l'intérêt collectif, c'est toujours au premier qu'il faut s'adresser pour agir sur les hommes.

La charité, la fraternité, l'altruisme, sont des stimulants bien faibles auprès de l'intérêt personnel. Quand un chef d'usine américain donne à ses ouvriers des salaires leur permettant de se procurer les commodités les plus luxueuses de la vie lorsque, suivant l'exemple rapporté plus haut, il se préoccupe de leur bien-être au point de faire mettre des dossiers aux anciens tabourets traditionnellement utilisés dans les ateliers, il n'est nullement poussé par un de ces besoins de philanthropie humanitaire que nos chefs d'usine aiment à manifester quelquefois. En améliorant le sort de l'ouvrier, le patron américain cherche simplement à améliorer son propre sort. Il sait que ces deux ordres d'amélioration sont solidaires. Cette élémentaire constatation a permis de mettre fin, en Amérique, à la lutte des classes dont les effets deviennent chaque jour plus menaçants en Europe.

Grâce à la perfection des méthodes d'organisation, l'ouvrier américain, avec un nombre d'heures de travail inférieur à celui de ses confrères français, fournit un rendement trois ou quatre fois supérieur, comme plusieurs ingénieurs européens l'ont déjà constaté. Il est donc naturel qu'à un rendement plus grand corresponde un salaire plus élevé.

En résolvant le problème de la lutte des classes, posé depuis des siècles, les industriels américains se sont révélés économistes habiles et psychologues plus habiles encore.

***

Les croyances à forme religieuse n'étant influençables ni par l'observation ni par l'expérience, un adepte de la religion socialiste ne saurait être impressionné par la comparaison entre l'état misérable des ouvriers russes, soumis au socialisme, et la situation heureuse des ouvriers américains, collaborateurs du capitalisme. Egalité dans la misère d'un côté, égalité dans l'aisance de l'autre.

Mais si les faits que résume la précédente étude ne peuvent influencer les socialistes, ils montreront aux chefs de nos grandes entreprises que la prospérité présente, et surtout future, de ces entreprises dépend beaucoup du bien-être des ouvriers. Privé de confortable à l'usine, et souvent aussi à son propre foyer, l'ouvrier européen va chercher au cabaret les moments heureux dont chaque être a besoin. Il s'y laisse facilement influencer par les promesses de paradis que lui font entrevoir les adeptes de la foi socialiste. A défaut de réalités fuyantes, elles donnent au moins l'illusion d'un futur bonheur.

LIVRE VII

LA SITUATION FINANCIÈRE DU MONDE

CHAPITRE PREMIER

L'APPAUVRISSEMENT DE L'EUROPE ET L'HÉGÉMONIE FINANCIÈRE DE L'AMÉRIQUE

Parmi les diverses conséquences de la guerre, une des plus manifestes est l'appauvrissement de l'Europe. Les réserves accumulées par les patients efforts de plusieurs générations sont épuisées et la difficulté de les renouveler grandit chaque jour.

Cet appauvrissement s'observe dans tous les pays de l'Europe, y compris ceux considérés comme les plus prospères, — l'Angleterre, notamment.

La France semble dans une situation meilleure, mais sa prospérité apparente tient à ce que, depuis la guerre, elle a vécu d'emprunts successifs remboursés à leur échéance avec d'autres emprunts. Le paiement des intérêts de ces emprunts absorbe anuellement une vingtaine de milliards, soit la moitié du budget.

Si le chômage qui pèse sur une grande partie de l'Europe ne s'est pas manifesté encore en France, c'est surtout parce que la restauration des régions libérées a permis de donner du travail à une foule d'ouvriers payés avec les emprunts et l'inflation.

Mais ces opérations devaient fatalement avoir un terme. La France finit par ne plus trouver à emprunter et fut obligée de renoncer à l'inflation, qui accroissait considérablement le prix de la vie en réduisant chaque jour le pouvoir d'achat de la monnaie.

En résumé, comme le disait un ministre des Finances à la tribune, les Français ont perdu les quatre cinquièmes de leur fortune.

Resté inaperçu pendant la période de richesse apparente créée par les emprunts et l'inflation, l'appauvrissement finit par devenir visible à tous les yeux.

Il faut remarquer, cependant, que les pertes financières n'ont pas sévi sur toutes les classes. Si quelques-unes furent ruinées, d'autres s'enrichirent. C'est ainsi que les anciens rentiers ont été très appauvris tandis que les paysans et les commerçants voyaient, au contraire, leurs ressources s'élever considérablement.

En dehors des causes d'appauvrissement résultant des ravages de la guerre et qui sont spéciales à un petit nombre de pays, tels que la France, il en est d'autres, tout à fait générales, qui menacent l'Europe entière et augmentent chaque jour.

Elles sont constituées par l'indépendance industrielle croissante des pays asiatiques : colonies, pays de protectorat, etc.

Jadis, ces pays se bornaient à fournir les matières premières que manufacturait l'Europe.

« Si l'Amérique, disait Pitt, s'avisait de fabriquer un bas ou un clou de fer à cheval, je voudrais lui faire sentir tout le poids de la puissance de l'Angleterre. »

La petite colonie, que menaçait Pitt, est devenue la rivale redoutée de l'Empire Britannique, et les autres colonies, telles que le Canada et l'Australie, sont, aujourd'hui, des pays à peu près indépendants de l'Angleterre. Elle l'a douloureusement reconnu, nous l'avons vu, dans une conférence avec les représentants des Dominions récemment tenue à Londres.

La plupart des pays d'outre-mer rejettent de plus en plus le joug économique de l'Europe. Au lieu de se borner comme jadis à exporter des matières premières, ils fabriquent des produits expédiés à leur gré dans le monde.

L'univers asiatique est devenu le rival de l'Europe et, comme le travail y est exécuté à bien meilleur marché, sa concurrence devient redoutable.

Ce phénomène, dont j'avais autrefois, dans un livre sur l'Inde, prédit l'apparition certaine, se manifeste avec force aujourd'hui. Les pays encore soumis à l'Angleterre, tels que l'Inde, aspirent de plus en plus à l'indépendance.

« L'Inde, qui, en 1910, importait environ vingt mille tonnes de fonte, en a exporté, en 1923, deux cent mille, écrit *L'Illustration Économique*. Le déclin du vieux continent s'accompagne de l'ascension des pays neufs. La guerre a habitué les nouveaux mondes à se passer de l'Europe. Ils ont vu tous les avantages de la nouvelle situation et se refusent à retourner sous le joug... Le XIXᵉ siècle a vu l'Europe proclamer l'abolition de l'esclavage. Le XXᵉ voit se libérer économiquement les peuples d'outre-mer, qui veulent, à leur tour, nous assujettir. »

Cette concurrence de pays jadis tributaires de l'Europe, et qui travaillent à bien meilleur compte, aura de multiples conséquences.

Une des plus importantes sera l'apparition d'une loi économique nouvelle régissant la valeur des salaires et qu'on peut formuler ainsi : le taux des salaires ne sera bientôt plus fixé ni par la volonté des ouvriers ni par celle des patrons, mais uniquement par les prix de vente mondiaux des marchandises.

Il a fallu une grève de six mois et une perte évaluée à quatre cents millions de livres sterling, soit dix milliards de francs-or, pour incruster cette vérité économique nouvelle dans le cerveau des mineurs britanniques.

Un économiste anglais disait récemment, à ce propos :

« Sans son commerce et sans son industrie, l'Angleterre est condamnée à mourir de faim à bref délai. Or, il tombe sous le sens que les salaires, en Angleterre, sont beaucoup trop élevés pour nous permettre de supporter la concurrence mondiale. Nous subissons une hausse absurde, injustifiée des salaires, qui risque de nous réduire à la famine... Quand des ouvriers gagnent jusqu'à 150 p. 100 de plus qu'en 1915, on est fatalement battu sur tous les marchés par la marchandise du voisin. »

*
* *

Parmi les causes de l'appauvrissement de l'Europe et des troubles politiques dont elle est le siège, il faut encore citer les exigences des Etats-Unis à l'égard des dettes contractées par les alliés pendant la guerre.

L'histoire des variations des sentiments de l'Europe pour l'Amérique est d'un grand intérêt psychologique. Au lendemain de la paix, l'Angleterre et la France éprouvaient des sentiments d'affectueuse sympathie à l'égard de l'Amérique et une antipathie intense pour l'Allemagne. On a dit avec raison « qu'aujourd'hui la France a des relations plus amicales avec l'Allemagne qu'avec l'Amérique. »

Cette variation des sentiments serait, comme l'écrivait les *Neues Wiener Tageblatt*, « une conséquence naturelle du fait que l'Europe entière a souffert de la guerre et que les Etats-Unis ont été les seuls à en tirer un gain énorme ».

Aujourd'hui, l'Europe semble tombée de plus en plus sous l'hégémonie financière des Etats-Unis, qui réclament âprement l'argent prêté pour une guerre dont ils furent seuls à profiter. Personne n'ignore maintenant que les Américains songeaient uniquement à leur propre intérêt en venant au secours des Alliés. Voyant leurs navires torpillés par l'Allemagne, qui voulait empêcher la vente de marchandises aux Alliés, ils sont entrés dans la guerre pour se défendre.

Les Américains ne constatent pas sans regret les sentiments qu'ils inspirent aujourd'hui. Voici comment s'exprimait, à ce sujet, *La Nation*, de New-York :

« Nous nous enfonçons de plus en plus dans les difficultés, toujours froissant les sentiments. Nous nous trouvons de plus en plus en position d'autocrate du monde de la finance. Le président des Etats-Unis est malheureusement en présence d'une attitude presque unanime qui appuie les réclamations jusqu'au dernier sou contre nos anciens alliés. L'idée que des nations vont continuer à nous verser de l'argent pendant soixante-deux ans pour une guerre qui s'est terminée en 1918 est absolument déraisonnable. Tous les banquiers américains le savent parfaitement, mais ils profitent d'une situation qui leur permet de prêter aux Etats européens de l'argent à 7 et 8 p. 100 qui, autrement, dormirait improductif dans leur caisse. »

Cette opinion n'est pas isolée. La revue *American Review of Review* de décembre 1926, s'exprime comme il suit :

« Si cet état de choses se prolonge il arrivera un, jour où nous devrons posséder tout ce qui, en Europe, a quelque valeur. Nous détiendrons des hypothèques énormes sur les budgets nationaux de la France, de l'Allemagne, de l'Italie, de la Belgique et de la Pologne. De toute nécessité, la vie économique de ces pays devra converger sur les versements à faire aux Américains, et grâce à ces versements, nous aurons de nouveaux moyens d'accentuer notre emprise sur les diverses nations européennes. Il est clair que l'on ne laisserait pas les choses arriver à ce point. L'Europe répudierait ses dettes ou entrerait en guerre.

L'Europe est aujourd'hui trop pauvre et trop faible, et elle a trop conscience de cette pauvreté et de cette faiblesse, pour songer même en rêve à entrer en guerre contre les Etats-Unis. Mais la haine d'où naît la guerre est là, tout entière. L'aigreur, la colère, le sentiment de l'injustice, l'impression d'une menace d'exploitation pour le présent et pour l'avenir sont tous éléments nettement existants. La conviction que nous avons profité des malheurs récents de l'Europe pour nous faire donner des hypothèques et que nous profitons·de sa détresse actuelle pour étendre ces hypothèques à l'infini, est une conviction déjà établie largement, et en voie de se développer sans arrêt. »

L'avenir montrera sûrement qu'en pressurant l'Europe pour lui arracher le peu d'or qu'elle possède encore, l'Amérique n'a pas réalisé du tout une fructueuse opération.

*
* *

Pendant que le nouveau monde, par suite des fatalités de l'évolution moderne, devient de plus en plus hostile au vieux continent, ce dernier lutte péniblement pour tâcher d'unir les divers peuples de l'Europe et aplanir les dissensions qui les séparent.

On sait que les stipulations du traité de Versailles inspirées par le président Wilson ont complètement bouleversé la structure de l'Europe. La Pologne, séparée de la Russie, a été constituée en république ; l'antique monarchie autrichienne découpée en fragments : Tchécoslovaquie, Yougoslavie, Hongrie, etc.

L'application du principe des nationalités a porté au paroxysme les nationalismes endormis. Les Balkaniques sont tout prêts à recommencer les luttes séculaires qui ont coûté si cher à l'Europe. L'Autriche, ruinée par son isolement, demande son annexion à l'Allemagne ; l'Italie veut s'agrandir dans la Méditerranée aux dépens de ses voisins. Des causes de conflit grandissent partout.

Aveuglés par des haines séculaires, les peuples européens n'arrivent pas à s'entendre et dépensent en armements coûteux les derniers vestiges de leur ancienne richesse. Les partis politiques se disputent avec fureur pour réaliser leurs chimères ; la jalousie, l'envie et la haine dominent l'Europe d'aujourd'hui.

Comment réaliser des progrès avec la persistance de tels sentiments?

Les États européens n'échapperont pourtant à la ruine qui les menace qu'en arrivant à s'unir industriellement et commercialement pour fonder le bloc européen dont un homme d'État illustre ébaucha à Locarno les contours. Prospérer en s'unissant ou périr dans les dissensions : tel est le dilemme qui se pose aujourd'hui.

CHAPITRE II

LA SITUATION FINANCIÈRE DE LA FRANCE

Les philosophes de l'avenir diront sûrement qu'aucune époque de l'histoire ne fut plus fertile en illusions que la nôtre : illusions politiques, illusions sociales, illusions financières, pèsent sur l'âme des peuples depuis les débuts de la grande guerre. Elles ont aveuglé des esprits très clairvoyants. Et c'est pourquoi tant d'événements ont déjoué leurs prévisions.

L'âge des nouvelles illusions a commencé avec la guerre. Les Allemands en furent les premières victimes. Persuadés qu'une nation, supérieure par le nombre de ses soldats et la force de ses armements, était invincible, ils provoquèrent le conflit mondial et succombèrent devant des coalitions qu'ils ne prévoyaient pas.

La lutte terminée, les vainqueurs entrèrent à leur tour dans un cycle d'illusions qui devait provoquer bien des ruines.

La paix illusoire de Versailles fut, en effet, une des causes principales de la terrible situation financière où la France est aujourd'hui plongée,

Des esprits dégagés d'illusions auraient vu facilement que l'Allemagne ne pouvant pas payer en or les sommes immenses qui lui étaient réclamées, il fallait bien se résigner à se contenter des réparations proposées.

Remplacer l'or par des marchandises livrées pendant de nombreuses années aurait eu pour résultat de rendre l'Allemagne la plus grande nation exportatrice de l'univers. Devant l'afflux de ses marchandises, les usines françaises fabriquant des produits similaires eussent été réduites au chômage.

Obliger les Allemands à effectuer eux-mêmes les réparations des régions dévastées constituait donc la meilleure solution, mais, dans la persuasion que les vaincus finiraient par payer ces réparations, le Gouvernement français préféra s'en charger. Soixante-quinze milliards furent ainsi engloutis et finalement il fallut bien reconnaître que cette formidable dépense, qui devait si lourdement peser sur les finances de la France, ne serait jamais remboursée par l'Allemagne, puisque les sommes annuellement obtenues d'elle suffiraient à peine à payer les dettes de la France envers ses alliés.

Et c'est ainsi que la période de reconstruction qui suivit la guerre fut une ère de grandes dépenses et aussi de grandes erreurs. La formule magique : « l'Allemagne paiera », fit accepter toutes les prodigalités. Les ministres dépensaient sans compter.

Nulle barrière ne s'opposant à leur imprévoyance ils empruntèrent et quand la répétition des emprunts les rendit impossibles ils eurent recours à l'inflation.

Cette situation artificielle ne pouvait durer. Impuissante à équilibrer ses budgets, la France finit par perdre bientôt la confiance de l'étranger et sa monnaie fiduciaire, sans cesse multipliée, se déprécia de plus en plus. Elle en est arrivée à payer à l'étranger les marchandises nécessaires cinq à six fois plus cher que leur cours mondial. J'ai déjà rappelé que plus de la moitié de son budget est consacrée à payer les intérêts de ses emprunts.

*
* *

Les causes réelles de la chute rapide du franc sur les marchés étrangers semblent avoir été assez mal comprises des ministres qui se sont succédé. Ils l'attribuaient aux influences les plus variées : spéculation, exportation des capitaux, etc., auxquelles ils tentaient de remédier par des mesures draconiennes. Les améliorations espérées furent d'ailleurs complètement nulles.

Désespéré de son impuissance, un des derniers ministres des Finances disait : « Je me heurte à des phénomènes inconnus. »

Les phénomènes inconnus auxquels se heurtèrent tant de ministres étaient, en réalité, très simples pour des esprits que les illusions n'aveuglaient pas.

On les déduit facilement du court exposé qui précède et on peut les résumer dans un petit nombre de propositions d'une élémentaire évidence.

1° Une nation s'appauvrit rapidement quand, d'une façon permanente, ses dépenses sont supérieures à ses recettes.

2° Tout ce qui entrave la capacité de production

d'un pays : persécution des capitaux générateurs des grandes industries, interdiction aux ouvriers d'augmenter leurs heures de travail, etc., accélère la ruine.

3° Pour restaurer les finances d'un pays, il faut accroître sa production et son commerce puis réduire ses dépenses.

*
* *

Les chiffres de notre dette sont considérables, quoique différents suivant les auteurs. Dans un discours prononcé en décembre 1926, M. Poincaré les évalue à 281 milliards, répartis comme il suit : 150 milliards de dettes perpétuelles, 37 milliards de dettes à court terme et 94 milliards de dette flottante. Au total de cette dette on devra bientôt joindre 21 milliards nécessaires à l'achèvement des réparations des régions libérées.

Il faudra probablement ajouter encore aux chiffres précédents 16 milliards 325 millions de francs-or dus à l'Angleterre et 23 milliards de francs-or aux Etats-Unis. Converties en billets de banque français, ces sommes représenteraient près de 200 milliards au cours actuel de 125 francs la livre.

Le total de toutes ces dettes atteindrait environ 500 milliards; c'est à peu près le chiffre donné par le *Journal de la Société de statistique de Paris du 19 mai 1926.*

Les recettes annuelles produites par l'impôt se montent à 41 milliards, dont plus de la moitié (22 milliards 778 millions) sont consacrés à des dépenses obligatoires : service des rentes, pensions, etc. Voici, d'ailleurs, comment se répartit cette dernière somme : dette intérieure 12 milliards 906 millions, dette extérieure 4 milliards 778 millions, pensions civiles et militaires, 5 milliards 94 millions.

L'emprunt, et surtout l'inflation, ont été jusqu'ici les principales ressources utilisées pour faire face à nos formidables dépenses.

Le montant des billets de banque, qui atteignait déjà 39 milliards et demi en mai 1924, s'est élevé à 54 milliards en juillet 1926. A ce chiffre il faut ajouter 44 milliards de bons de la Défense nationale qui sont en réalité des billets de banque portant intérêts. Ces 100 milliards environ de billets sont garantis seulement par une réserve d'or et d'argent ne dépassant pas 4 milliards.

A mesure que s'accroissait le chiffre des billets sans garantie, la chute du franc s'accélérait, et son pouvoir d'achat diminuait, phénomène observé invariablement dans tous les pays ayant pratiqué l'inflation.

Aujourd'hui le pouvoir d'achat du franc est cinq fois moindre qu'avant la guerre; ce qui veut dire, naturellement, que la vie est cinq fois plus chère.

La situation financière que nous venons de résumer a eu pour conséquence la ruine de plusieurs classes de la population française.

L'impôt sur le capital, qui obsède l'imagination des socialistes, s'est trouvé, en dehors de leur intervention, beaucoup plus élevé qu'ils n'auraient pu l'espérer. Un particulier possédant un capital de 100,000 francs de rentes françaises au moment de la guerre, a vu sa valeur réduite de moitié. Sans doute le revenu n'a pas diminué en apparence mais, comme le pouvoir d'achat du billet de banque ne représente que le cinquième au plus de sa valeur primitive, un revenu actuel de 5.000 francs équivaut à 1.000 francs seulement d'avant guerre.

De l'abaissement du pouvoir d'achat du franc, commerçants, agriculteurs et ouvriers n'ont, je l'ai montré plus haut, nullement souffert. Les premiers ont simplement élevé le prix de leurs marchandises ; les derniers, le taux de leurs salaires. Ces salaires ont même été accrus beaucoup plus que ne l'aurait justifié la baisse du franc.

En réalité l'ouvrier est notablement plus à son aise qu'avant la guerre. Paysans et commerçants se sont enrichis. Terres et fonds de commerce ont vu s'accroître de beaucoup, en effet, leur valeur.

Ce qui précède permet déjà de pressentir qu'à mesure que montaient vers l'aisance ou la richesse ouvriers, paysans et commerçants, l'ancienne bourgeoisie descendait lentement la pente conduisant à une gêne frisant la pauvreté.

***

Nous ne pouvons examiner en détail les moyens poursuivis pour remédier à l'appauvrissement de la France. Ceux indiqués sont généralement assez illusoires. On n'améliorera la situation actuelle, ni par les emprunts, ni par l'inflation, ni par la stabilisation artificielle des monnaies. Ainsi que nous l'avons déjà fait remarquer, un pays n'accroît sa richesse qu'en améliorant son agriculture et son industrie.

Sur ces deux éléments de la richesse nous étions dépassés depuis longtemps. M. Cayeux a montré, dans *L'Ingénieur Français*, à quel point, faute d'entente entre les industriels et de matériel convenable, nos industries dépérissaient tour à tour, à mesure que progressaient celles de l'Allemagne. Les progrès germaniques étaient tellement rapides qu'en 1913, pour ne citer qu'un exemple, elle nous vendait 50.200 tonnes de matériel électrique, contre 2.100 tonnes en 1907. « Les uns après les autres, les industriels baissaient pavillon devant l'importation d'outre-Rhin. »

Si les Allemands, au lieu d'une guerre militaire, se fussent bornés à une guerre économique, c'est nous, aujourd'hui, qui serions les vaincus.

Sans doute la guerre a fait réaliser quelques progrès, mais ils sont bien insuffisants encore.

Le but à poursuivre est d'arriver à rendre l'exportation supérieure aux importations. Seul cet excédent permettra un redressement financier.

C'est donc très justement que notre ministre des Finances, M. Raymond Poincaré, recommandait, dans un important discours, « d'intensifier sous toutes les formes la production métropolitaine et coloniale ».

« Il n'est pas, ajoutait-il, de réforme financière ni surtout de réforme monétaire durable, et il n'est point de stabilisation vraie, si la balance commerciale, ou tout au moins la balance des comptes, ne présente pas un excédent permanent. »

*
* *

La nécessité d'accroître notre production nationale,

celle de l'agriculture notamment, est malheureusement paralysée par une de ces aberrations démocratiques, d'où dérive souvent la décadence d'un pays. La terrible loi des 8 heures, qui a supprimé la liberté du travail en interdisant aux ouvriers d'augmenter leur production, a considérablement élevé les frais d'exploitation de beaucoup d'industries, les chemins de fer notamment.

C'est avec une inlassable vigueur, que d'imprévoyants ministres ont appliqué cette loi. Dans une séance de la Chambre des Députés, le Ministre du travail s'exprimait comme il suit :

« L'industrie est totalement réglementée, nous allons maintenant entreprendre la réglementation des autres professions : hôtels, restaurants, cafés, banques, assurances, salons de coiffure, pharmacies, etc... au total, sur 7.000 000 de travailleurs français pouvant être assujettis à la loi, il n'y a pas à l'heure actuelle 500.000 personnes qui y échappent et elles n'y échapperont pas longtemps. »

M. de Dion, sénateur de la Loire-Inférieure, a eu la curiosité de rechercher ce que coûtait à la France, l'application de cette désastreuse loi, conservée en théorie, mais rejetée en pratique depuis longtemps, par les Allemands.

Voici quelques-uns de ses calculs :

« Si les 6.500.000 travailleurs français soumis à la loi de 8 heures avaient le droit de travailler 10 heures, cela ferait annuellement 4.056.000.000 d'heures de travail. »

Fixant la valeur de l'heure à 2 francs, M. de Dion fait remarquer que : « les pertes de richesse économique sont de 8 milliards 112 millions de francs par année... L'auteur ajoute que les heures de travail ainsi perdues ont été faites par 1.625.000 ouvriers étrangers, qui sont venus combler la défaillance légale de la main-d'œuvre française. Si l'ouvrier français avait travaillé 10 heures, une telle immigration ne se serait pas produite.

D'après les calculs du même auteur, « ces ouvriers étrangers enverraient, annuellement, dans leur pays, 1 milliard 625 millions de francs, économisés par eux. C'est, depuis six ans, près de dix millards qui ont franchi la frontière. »

Cette importante exportation des capitaux a sûrement contribué à l'élévation du change, et à l'augmentation du coût de la vie qui en a été la suite. Les exemples qui précèdent, joints malheureusement à beaucoup d'autres, montrent que la France a été victime non pas seulement de ses dépenses, mais d'une accumulation d'erreurs politiques et financières.

CHAPITRE III

LE THERMOMÈTRE PSYCHOLOGIQUE DES SITUATIONS FINANCIÈRES

Le passage du qualitatif au quantitatif constitue, je l'ai rappelé ailleurs, un des plus importants progrès réalisés dans les sciences. Elles ont été transformées lorsque furent découverts les instruments de mesure tels que le thermomètre. Les progrès se sont multipliés avec la précision des mesures. C'est ainsi que la découverte du bolomètre, qui permet d'évaluer les variations de température d'un millionième de degré, a montré que le spectre solaire invisible était immensément plus long que le spectre visible. Il en résultait que l'œil humain ne perçoit qu'une infime portion de la lumière qui enveloppe les choses.

Malheureusement, la découverte d'instruments de mesure des forces qui a transformé la physique, n'a pu être réalisée jusqu'ici dans le domaine de la psychologie. Le plaisir et la douleur, l'amour et la haine, la tristesse et la joie, ne peuvent se mesurer avec précision encore. Très vagues sont les indications qui prétendent en déterminer approximativement la grandeur.

* *
*

Des événements imprévus ont permis de découvrir une méthode permettant de mesurer avec la rigoureuse précision qui n'appartient qu'aux chiffres, l'opinion collective de l'univers sur la situation financière de divers pays.

Cette méthode de mesure est constituée par la cote des changes. Véritable thermomètre psychologique, elle formule nettement l'opinion générale sur la situation financière d'un pays. Devant ses chiffres, les gouvernements grandissent ou s'effondrent. Sur ses indications fut instantanément renversée toute une équipe ministérielle, et le parlement obligé d'accepter un chef de gouvernement dont, quelques jours auparavant, il n'aurait voulu à aucun prix.

* *
*

Le thermomètre physique traduit les forces matérielles. Le nouveau thermomètre psychologique révèle la synthèse d'un immense réseau de forces collectives.

Et il s'agit bien ici d'une puissance nouvelle qui vient de surgir de l'infini tourbillon des causes. On pourrait feuilleter longtemps des pages d'histoire avant de découvrir, parmi les anciens maîtres du monde, papes, rois et empereurs, un pouvoir politique ayant égalé celui de la force nouvelle que les temps modernes ont vu naître.

Les centres de son rayonnement ne sont situés ni

dans les parlements, ni dans les palais des rois, mais dans les édifices imposants où siègent les Bourses des grandes capitales. C'est de ces tribunaux anonymes que partent les chiffres qui domineront les volontés des parlements, des souverains et des peuples. Ils feront naître la pauvreté ou la richesse, les révolutions, l'anarchie et les dictatures.

De quelles influences la puissance nouvelle dont nous venons de montrer la grandeur est-elle formée?

Jadis inconnue, elle ne pouvait naître qu'à la suite de découvertes permettant à certains personnages disséminés dans tout l'univers, d'associer un instant leurs volontés individuelles pour la transformer en une seule volonté collective.

Sur quels éléments se basent les jugements de cette volonté collective dont les arrêts instantanés exercent une influence si colossale?

Dans les cas les plus simples, cette volonté collective est d'une interprétation facile, mais il n'en est pas toujours ainsi. On comprend la brusque hausse d'une cinquantaine de francs de la livre, quand arriva au pouvoir un président du Conseil soumis aux volontés socialistes. Le tribunal mondial entrevit immédiatement l'évasion des capitaux et les mesures spoliatrices des socialistes capables de provoquer la ruine de la France.

Dans des cas aussi simples, la relation des effets aux causes apparaît nettement. Elle s'aperçoit moins dans les circonstances ordinaires.

Sans prétendre résoudre entièrement le problème de l'unanimité des volontés collectives, on peut dire qu'avec la suppression des distances par le télégraphe, il se forme dans le monde, sur certaines questions essentielles, une opinion universelle moyenne que la contagion mentale propage rapidement.

Un grand nombre des mesures prises par les gouvernements de certains pays pour provoquer la confiance collective et assainir leur monnaie sont les équivalents d'une plaidoirie prononcée par un avocat habile devant un tribunal redouté dont les décisions sans appel peuvent avoir les plus lourdes conséquences sur la vie d'un peuple.

*
* *

Les forces qui régirent le monde aux diverses périodes de son histoire étant inaccessibles à la mentalité populaire furent transformées en personnalités divines ou humaines douées d'imaginaires pouvoirs.

Et c'est pourquoi la mystérieuse évolution des forces qui dirigent la naissance des chiffres enregistrés par les Bourses dépend, dans la croyance populaire, des volontés d'une petite oligarchie de tout puissants banquiers que les socialistes poursuivent de leur haine et dont les chefs d'État sollicitent le concours.

Et ici, l'erreur des gouvernants ressemble fort à l'erreur populaire : ils croient, eux aussi, qu'avec le concours de quelques puissants banquiers, la situation financière d'un pays pourrait être transformée. Il dépendrait de leur concours, par exemple, que le cours d'une monnaie fût changé.

En réalité, ce pouvoir supposé est imaginaire.

L'expérience suffirait à montrer que les millions, parfois prêtés par les princes de la finance, pour modifier le cours d'une monnaie, ont toujours été engloutis sans résultat durable.

Plusieurs expériences du même ordre ont prouvé à quel point les forces individuelles étaient impuissantes à lutter contre l'immense agrégat de forces économiques collectives qui, de nos jours, déterminent la marche financière du monde.

*
* *

Dans la plupart des pays européens : France, Italie, Belgique, Pologne, Autriche, etc., les problèmes financiers sont aujourd'hui au premier plan. Ils conditionnent la vie politique et sociale tout entière.

Les deux points essentiels de ces problèmes sont l'équilibre du budget et la création d'une monnaie à valeur fixe, c'est-à-dire n'étant soumise à aucune oscillation.

Ces deux problèmes, le second surtout, ne semblent pas d'une solution facile, puisque les experts nommés dans divers pays pour les résoudre ont généralement abouti à d'insuffisants résultats.

Il ne faut pas s'en étonner, d'ailleurs : les experts ne font, en effet, entrer dans leurs calculs que des éléments économiques mesurables, alors que les problèmes à résoudre sont souvent dominés par des facteurs psychologiques échappant à toute mesure.

CHAPITRE IV

DIFFICULTÉS PSYCHOLOGIQUES
DES RÉFORMES ADMINISTRATIVES

Parmi les moyens employés par les États européens ; la France notamment, pour restaurer leur situation financière, figurent les économies que pourraient produire les transformations opérées dans des administrations compliquées et coûteuses.

Le gouvernement français a débuté dans cette tâche par la phase aisée des suppressions qui précède la période plus difficile des réorganisations.

La coûteuse multiplication des fonctionnaires a des causes psychologiques lointaines que nous résumerons bientôt ; elle résulte également du régime démocratique. Chaque député réclame la création d'emplois nouveaux afin d'y caser les plus influents de ses électeurs, et les ministres ont trop besoin du vote des parlementaires pour leur refuser ces créations. C'est ainsi que les fonctionnaires ont pullulé d'une formidable façon.

Le même phénomène s'observe depuis longtemps dans la plupart des pays dotés d'un régime parlementaire, — l'Italie, notamment. Il fallut la révolution fasciste pour débarrasser ce pays d'un excédent de personnel qui le ruinait et l'opprimait.

****

Cette multiplication des fonctionnaires est une des causes de la coûteuse complication de l'administration française; mais il en existe d'autres, plus profondes encore.

Malgré ses allures révolutionnaires, le Français est peut-être le plus conservateur de tous les peuples, et c'est pourquoi une administration adaptée aux besoins d'époques antérieures et qui vieillissait chaque jour, a pu se conserver sans changement, depuis la période lointaine où elle fut réorganisée par Napoléon.

Les régimes politiques ont péri tour à tour, des partis nouveaux sont nés, des révolutions ont balayé les trônes; seule, la vieille administration française est restée immuable. Elle est l'unique pouvoir qu'aucun bouleversement n'ait effleuré. Plus puissante que les souverains, les parlements et les ministres, elle continue à gouverner despotiquement la France.

Tout en conservant des cadres invariables, les administrations publiques se sont compliquées en vieillissant et ont formé, finalement, une série de petits pouvoirs indépendants séparés par des cloisons étanches.

Ce dernier phénomène constitue une des caractéristiques de nos administrations; il est traduit clairement dans l'histoire souvent rappelée — parce qu'elle est typique — de ces trottoirs parisiens dépavés et repavés trois fois en un mois, en raison de l'impossibilité d'une entente entre les administrations chargées de la pose du gaz, de l'eau et du téléphone pour exécuter leur travail en même temps.

Dans toutes les administrations, les bureaux vivent séparés et persistent à ne pas se connaître. Il en résulte que la moindre affaire demande au public des dérangements énormes.

L'impuissance des administrations à se concerter dans un intérêt commun est spéciale à la France. Elle ne s'observe pas en Allemagne.

Cette différence avait beaucoup frappé un grand industriel du Nord, M. Guérin, qui, accepté par les gouvernements allemand et français comme intermédiaire pendant la guerre pour la distribution des vivres reçus d'Amérique, avait l'autorisation de se rendre alternativement à Paris et à Berlin afin de régler les difficultés relatives à cette distribution.

— A Berlin, disait-il devant moi, alors même que l'affaire en cours concernait plusieurs administrations, la décision m'était remise en vingt-quatre heures. A Paris, pour la même affaire, je passais souvent huit jours à courir de ministère en ministère, renvoyé de bureau en bureau sans pouvoir obtenir une solution.

*
* *

Toute tentative de réforme administrative se heurte dans certains pays, la France notamment, à des concepts psychologiques fondamentaux auxquels l'hérédité et l'habitude ont donné une grande force.

C'est en raison de telles influences que notre histoire présente, malgré des apparences contraires, une remarquable continuité dans les régimes divers qui se sont succédé. Tous tendaient à soumettre le pays à l'autorité d'un pouvoir central chaque jour plus absorbant.

L'unité faite, les habitudes fixées dans les âmes ne pouvaient changer. Sous des noms nouveaux, nous continuons, en réalité, l'ancien régime.

Sous la pression d'une mentalité créée par des siècles d'efforts, l'État a fini par absorber la gestion d'une foule d'entreprises et a substitué de plus en plus son autorité à l'initiative des citoyens. Le développement du socialisme, c'est-à-dire de l'étatisme, ne représente, en fait, que la suprême floraison d'un long passé, la conséquence dernière d'un idéal poursuivi pendant des siècles. Les socialistes ne font que continuer une tradition historique en réclamant chaque jour davantage l'intervention de l'État. On peut tout au plus leur reprocher d'aller un peu loin dans cette voie. C'est ainsi que le maire et député du Creusot préconisait récemment la reprise par l'État non seulement des usines, mais aussi de la terre. Tout ce que récolteraient les paysans appartiendrait à la collectivité.

On ne peut dire que le socialisme nous menace puisque, en réalité, il est établi depuis longtemps. J'ai souvent répété que, malgré tant d'apparences contraires, il n'existait en France qu'un seul parti politique : l'étatisme.

Cette assertion ne serait contestable que s'il était possible de citer un seul groupe politique français qui ne réclamât pas constamment, dans les moindres actes de la vie publique ou privée, l'intervention de l'Etat. Les socialistes ne font qu'exagérer cette tendance.

L'influence absorbante de l'Etat est une conséquence des difficultés qu'éprouva en France le pouvoir central à unifier les diverses provinces dont se composait, jadis, le pays, et à faire disparaître les dernières phases de la vie locale. Cette vie étant détruite, l'initiative des citoyens, anéantie, ne pouvait renaître.

L'Allemagne a pu échapper à cette centralisation parce que son unité est toute récente, puisqu'elle remonte seulement à 1871. Si la vie provinciale, disparue en France, est restée, au contraire, très vivante en Allemagne, c'est que chacun des anciens royaumes, principautés, etc., dont se compose aujourd'hui l'Empire, avait joui d'une existence indépendante pendant des siècles. Alors qu'en France il ne reste plus guère qu'un grand centre intellectuel : Paris, l'Allemagne en compte plusieurs.

La formidable et coûteuse complication des moindres opérations administratives en France est trop connue pour qu'il soit utile d'y revenir longuement. Elle fut bien des fois signalée au Parlement et, notamment, dans un rapport déjà ancien de Camille Pelletan sur le budget de la Marine. On y lisait que :

« Dans les arsenaux, pour la réception des moindres objets, il faut des pièces de comptabilité demandant quinze jours de travail ; des centaines d'employés sont exclusivement occupés à calculer, à transcrire, à copier dans d'innombrables registres, à reproduire sur d'innombrables feuilles volantes, à diviser, à totaliser. »

Le même rapporteur, voulant savoir de quelle façon, dans des cas identiques, opérait l'industrie privée, visita un établissement industriel consacré, comme les arsenaux de l'Etat, à la construction des navires. Cet établissement avait sur chantier deux cuirassés brésiliens, un grand croiseur et plusieurs bâtiments à voile. Malgré les nombreux détails exigés par cette fabrication, un seul livre indiquant les entrées, les sorties et les existants, suffisait à la comptabilité de chaque magasin. Grâce à ces simplifications, les prix de l'industrie privée étaient de 25 à 50 p. 100 moins élevés que ceux des arsenaux de l'Etat.

Ces différences de prix de revient s'observent dans tous les domaines. L'ingénieur R. Carnot écrivait, récemment, que les bateaux charbonniers réquisitionnés par l'Etat avaient un rendement inférieur de 40 à 50 p. 100 à celui des navires dirigés par les importateurs travaillant pour leur compte.

Mêmes constatations dans toutes les gestions étatistes. *Le Matin* en a fourni un nouvel exemple avec l'histoire de la liquidation des stocks américains d'Aubervilliers. L'Etat, n'arrivant pas à terminer cette liquidation, la confia à un industriel. Ce dernier commença par remplacer les centaines d'employés officiels par huit agents de son choix. En quelques jours, la liquidation était achevée.

*
* *

Les causes de la coûteuse complication de la gestion de l'Etat sont tout à fait indépendantes de l'intelligence des employés. Elle résulte surtout de leur terreur des responsabilités, conséquence du réseau de vérifications superposées et minutieuses dont les moindres actes de chaque agent sont enveloppés. L'omission de la plus légère formalité est sévèrement relevée.

La crainte des responsabilités et l'accumulation des règlements dans les administrations rendent extrêmement compliquées et longues des opérations qui, dans l'industrie privée, n'exigeraient que quelques minutes. On en peut juger par l'histoire que citait jadis au Parlement M. Delcassé, sur les longs rapports échangés entre une demi-douzaine de chefs de bureaux pour savoir si une dépense de 77 kilos de fer figurerait pour 3 fr. 46 ou 3 fr. 47 dans la comptabilité. L'intervention directe du ministre fut finalement nécessaire pour trancher cette grave question.

*
* *

L'organisation conduisant aux complications qui viennent d'être signalées n'a pas seulement pour résultat un gaspillage énorme d'argent, mais aussi un véritable écrasement du public sous le poids de formalités accablantes dont est enveloppé, aujourd'hui, le moindre acte administratif. *Le Temps* faisait, à ce propos, les réflexions suivantes :

« La suppression de fonctionnaires serait bien acceptée, si elle signifiait réellement la suppression des formalités, de tant de formalités administratives dont depuis longtemps il souffre et dont il est las. Tant de démarches dans tant de bureaux, tant de paperasses à faire signer et contresigner, tant d'autorisations à solliciter, et tant de retards interminables dus à l'ingénieuse superposition de contrôles, qui, d'ailleurs, ne servent jamais de rien ; tant de déclarations échelonnées tout le long de l'année à propos de tout ; l'impossibilité de se mouvoir sans la permission en règle de qui de droit : voilà bien ce que voudraient voir disparaître ou, du moins, s'atténuer l'immense majorité des Français. »

*
* *

On entrevoit déjà combien seront difficiles les réformes projetées.

Les peuples très conservateurs, et par conséquent n'ayant pas su évoluer, n'arrivent souvent à se soustraire au joug de coutumes devenues trop pesantes que par des révolutions violentes.

Ce qui précède suffit à montrer que la réduction du personnel administratif aura bien peu d'effet, si elle n'est accompagnée d'une transformation complète des méthodes. Cette transformation sera difficile, car l'aptitude à l'organisation est une des plus rares facultés de l'esprit humain.

Ce n'est pas à un comité d'experts qu'il faudra demander des réformes. Qu'il s'agisse de finances, d'industrie ou de guerre, les collectivités se sont toujours montrées insuffisantes, je le répète, aussi bien à organiser qu'à décider.

Ce n'est pas, assurément, qu'une collectivité soit inutile, mais à la condition formelle qu'elle soit consultative et non dirigeante. Quand Bonaparte rédigea le code qui devait fusionner en lois uniformes le droit coutumier régissant alors les diverses provinces de la France, il laissait discuter librement devant lui les membres du Conseil d'Etat, mais décidait seul du texte qui serait adopté.

Les considérations qui précèdent étaient nécessaires pour montrer de quelles difficultés seront entourées les réformes projetées. Plus on avance dans l'étude de l'Histoire, plus on constate que les institutions des peuples dépendent surtout d'influences psychologiques créées par un long passé. L'âme latine est très stabilisée, aujourd'hui, et chargée d'influences ataviques fort lourdes.

Les progrès de l'industrie et de l'interdépendance des peuples nécessiteront, cependant, une violente réaction contre l'étatisme qui domine la France. Il n'est plus possible d'enfermer la vie des citoyens et leurs entreprises dans un inextricable et paralysant réseau de formalités tracassières, destructrices de toutes les initiatives.

Des réformes administratives auraient même été

totalement impossibles sans les événements qui for-
cèrent les députés à donner au Président du Conseil
le droit dictatorial d'opérer des transformations sans
l'autorisation du Parlement.

En raison des origines de notre Parlement, toute
économie se heurtait, en effet, à un mur d'impossibilités qu'aucune volonté n'avait réussi à briser encore.

Dès qu'un ministre essayait de réaliser des économies il constatait rapidement qu'en France, comme
le disait un jour devant moi un ancien ministre des
Finances, aucun personnage n'est assez puissant pour
supprimer un cantonnier inutile; le ministre qui
aurait tenté un tel acte d'autorité se serait vu menacé
d'interpellations et d'ennuis divers par tous les
députés du département auquel aurait appartenu le
cantonnier supprimé. Plus impossible encore de
fermer un collège sans élèves, un tribunal sans
clients, un arsenal sans travail, etc.

Non seulement les ministres restaient impuissants
à réaliser la moindre économie, mais ils étaient
amenés, chaque jour, par des députés que leurs électeurs harcelaient, à créer des emplois nouveaux inutiles et à multiplier les gaspillages. Parmi ces derniers on peut citer la distribution, pour de simples
fêtes locales à certaines communes privilégiées, de
centaines de millions prélevés sur le « fonds commun » et toutes les dépenses inutiles critiquées
dans les rapports de la Cour des comptes.

Pour opérer des réformes semblables à celles de
Mussolini en Italie, il fallut bien accorder au Président du Conseil la faculté de réaliser ces économies
par décret sans consulter le Parlement.

Malgré le pouvoir conféré au chef du gouvernement d'imposer impérativement les réformes jugées nécessaires, on ne doit pas croire qu'il soit facile de les imposer par simple décret. Le décret est une force, mais la mentalité de ceux auxquels on veut l'imposer est une autre force capable de paralyser la première.

LIVRE VIII

ROLE DE LA MONNAIE
DANS L'ÉVOLUTION ÉCONOMIQUE DU MONDE

CHAPITRE PREMIER

LES FORMES DIVERSES DE LA MONNAIE
APPARENCES ET RÉALITES

La vie de plusieurs peuples européens est suspendue aujourd'hui à leur monnaie. Les questions de change, de stabilisation, etc., profondément ignorées du public il y a quelques années à peine, exercent maintenant une action prépondérante. Souvent mal comprises elles furent l'origine d'erreurs qui firent perdre des centaines de millions à divers Etats.

Pour jeter un peu de lumière sur un sujet aussi compliqué il faut remonter aux principes très simples d'où les notions accessoires dérivent ; nous allons l'essayer maintenant.

***

Origines et nature de la monnaie? — On peut considérer comme monnaie tout objet pouvant servir de moyen d'échange.

Chez les peuples primitifs, des matières fort diverses servent de monnaie. C'est la phase dite du troc, à laquelle reviennent les nations civilisées quand leur ancienne monnaie n'est plus acceptée. Lorsque les marks tombèrent en Allemagne au voisinage de zéro, une foule d'objets : le stère de bois, l'hectolitre de blé, le quintal de charbon, etc,. devinrent des unités monétaires servant aux transactions. Les guerriers du temps d'Homère n'opéraient pas autrement lorsqu'ils échangeaient un bœuf contre un bouclier.

Le bœuf resta longtemps une forme de monnaie usuelle, comme l'indiquait l'expression « mettre à quelqu'un un bœuf sur la langue », c'est-à-dire acheter son silence.

Le bœuf, ou des unités analogues, n'étant pas d'un maniement facile, on chercha naturellement une autre marchandise aisée à manier et possédant, en même temps, une certaine valeur sous un faible poids. Des métaux divers, l'or et l'argent notamment, divisés en petits fragments, finirent par devenir la monnaie universelle.

A une époque relativement récente on chercha les moyens d'éviter les transports incommodes de monnaies en les déposant dans les coffres-forts d'établissements spéciaux chargés de les conserver et qui donnaient, en échange, des reçus indiquant que l'or et l'argent déposés seraient rendus immédiatement à toute personne présentant ce reçu de dépôt. Avant la guerre le billet de banque n'était pas autre chose puisqu'il représentait simplement le reçu d'un dépôt remboursable à volonté.

Malgré ses apparences, le nouveau billet de banque à cours forcé, non échangeable contre une valeur métallique, n'a aucune analogie avec l'ancien billet de banque remboursable à vue. Il constitue simplement un titre d'emprunt sans date de remboursement et se trouve comme tous les titres analogues soumis aux fluctuations du change.

Cette créance peut être comparée à un titre de rente dont la seule garantie est la confiance inspirée par l'état émetteur. Son cours varie avec les oscillations de cette confiance. La cote de la Bourse, comme il a été précédemment expliqué représente les arrêts sans appel d'une sorte de tribunal mondial décidant du degré de confiance inspiré par les divers états.

*
* *

La facilité d'émettre des billets sans garantie métallique permet aux états de créer une source artificielle de richesse momentanée. Mais, à mesure que les émissions augmentent, phénomène qualifié d'inflation, la confiance diminue et la valeur des billets émis descend rapidement vers zéro, comme l'Allemagne en fit l'expérience.

L'inflation continue aboutit donc à la ruine, comme le ferait, d'ailleurs, la répétition d'emprunts quelconques!

Mais si l'expérience prouve que l'inflation prolongée se termine toujours par la ruine, elle montre aussi que cette inflation peut rendre momentanément de grands services à un pays.

C'est grâce, en effet, à l'emploi prolongé de billets de banque à cours forcé que l'Angleterre put se procurer les ressources nécessaires pour combattre Napoléon. Plus heureux que nos billets modernes, les billets anglais ne perdirent jamais plus de 50 p. 100 de leur cours et, après la guerre, ils purent être bientôt remboursés au pair.

Ce fut également avec le mark à cours forcé que les Allemands reconstruisirent leur flotte, bâtirent de grandes usines et préparèrent leur renaissance économique. Elle leur servit également à se constituer à l'étranger une réserve de devises appréciées qui constituèrent plus tard la garantie d'une nouvelle monnaie dès que l'ancien mark, tombé au voisinage de zéro, fut retiré de la circulation.

Cette réserve s'étant montrée insuffisante pour servir de garantie à une émission importante de la nouvelle monnaie, il fallut y ajouter une garantie hypothécaire portant sur un certain nombre d'immeubles. Les billets alors émis étaient comparables aux obligations hypothécaires de notre Crédit foncier, c'est à dire parfaitement garantis. Par le fait seul de cette garantie, la nouvelle monnaie se trouva soustraite aux variations du change et resta aussi stable que la livre anglaise ou les dollars américains.

La très instructive évolution du mark allemand présente, entre autres particularités, ce phénomène curieux qu'avec sa mauvaise monnaie constituée par le mark déprécié, l'Allemagne atteignit momentanément un certain degré de prospérité, alors qu'avec sa bonne monnaie elle se trouve gênée, comme le montre l'existence de 1.700.000 chômeurs sur son territoire.

Ce phénomène résulte de la rareté d'une monnaie qu'on ne pourrait multiplier qu'en retombant dans l'inflation.

En France, l'inflation fut pratiquée sur une large échelle et donna pendant quelques années l'illusion de la richesse, mais emprunts et inflation se multiplièrent tellement qu'aujourd'hui, sur un budget de 40 milliards, plus de la moitié est consacrée au paiement de l'intérêt des sommes empruntées.

*
* *

L'expérience d'un peuple servant rarement à un autre, la France a répété les mêmes erreurs que l'Allemagne sur l'inflation et les emprunts.

En France, comme en Allemagne, on mit un certain temps à comprendre que le billet de banque ne peut constituer une valeur invariable qu'à partir du jour où il est échangeable à volonté contre une quantité d'or ou d'argent égale à celle imprimée sur le billet. C'est un principe fondamental dont l'importance apparaîtra dans les problèmes de la stabilisation et de la revalorisation que nous allons étudier maintenant.

CHAPITRE II

STABILISATION ET REVALORISATION

La guerre ayant obligé les grands états européens
à des dépenses fort supérieures à leurs ressources, ils
ont été forcés d'utiliser la monnaie artificielle constituée par des billets de banque sans garantie. Cette
source apparente de richesse étant d'un emploi facile,
tous les Etats en ont abusé jusqu'au moment où la
monnaie artificielle ainsi créée perdit toute sa valeur
comme en Allemagne, ou seulement une grande
partie de sa valeur comme en France, en Belgique, etc.

Les gouvernements ayant fini par constater que la
baisse continue de la monnaie rendait les relations
commerciales fort difficiles, il était nécessaire de
trouver un remède à cette situation.

Plusieurs méthodes furent successivement tentées;
résumons-les brièvement.

**

La plus simple paraissait être de réduire la valeur
attribuée aux billets dépréciés, déclarer comme les
Belges, par exemple, que l'ancien billet de 5 francs ne

serait plus admis que pour un franc. Quel que soit
le nom donné à l'opération, elle constitue une simple
faillite. Dans le cas de la Belgique, la faillite a été
de 80 p. 100.

A côté de cette stabilisation légale, et par conséquent forcée, d'autres Etats, comme la France, se sont
contentés, jusqu'à l'heure où j'écris ces lignes, d'une
stabilisation de fait, c'est-à-dire de la stabilisation
établie par la loi générale de l'offre et de la demande.
Cette manière d'opérer est conforme à la conception
des économistes qui pensent que :

« La véritable stabilisation, est celle qui se fait d'elle-même
lorsque, pendant une longue période, la valeur de la monnaie a été stable sur le marché des changes. »

D'autres économistes assurent que la revalorisation
du franc obtenue par la prospérité industrielle croissante d'un pays, serait supérieure à la faillite constituée par une stabilisation légale. Ils font remarquer
que la revalorisation succédant à la dévalorisation
n'est pas un fait unique dans l'histoire, puisque l'Angleterre fit la guerre à Napoléon avec des billets de
banque à cours forcé, qui finirent par perdre plus de
50 p. 100 de leur valeur, mais reprirent progressivement leur ancien cours, après une prospérité
industrielle d'une quinzaine d'années.

Cet exemple ne semble pas malheureusement
applicable à la situation de divers pays, la France
notamment.

Les dettes, les traitements, les salaires ont été, en
effet, établis à des époques où les valeurs successives
du franc étaient fort différentes. Il est évident, par

exemple, que les emprunts contractés à la parité or,
c'est-à-dire à l'époque où le franc n'avait pas encore
baissé, et ceux contractés à un moment où le franc
avait perdu les quatre cinquièmes de sa valeur, représentent, malgré la similitude des chiffres inscrits
sur les billets, des valeurs bien différentes. On le voit
immédiatement lorsqu'au moyen d'une cote des
changes on convertit en dollars ou en livres les
valeurs énoncées en francs.

*
* *

La consolidation des dettes, c'est-à-dire la transformation d'une dette immédiatement exigible en dette
à échéance lointaine, est un des moyens proposés
non pour stabiliser la monnaie, mais pour reculer les
dates de paiements et alléger, par conséquent, les
charges financières d'un pays.

Le gouvernement belge employa cette méthode,
lorsque utilisant les pouvoirs absolus obtenus du
parlement, le roi décréta, le 31 juillet 1926, la consolidation de la quasi totalité de la dette flottante intérieure, représentée par des bons qui atteignaient
quatre milliards, et dont l'échéance de près de la
moitié venait le premier décembre suivant. Les
créanciers recevaient, en échange de leurs anciens
titres, des actions privilégiées de la Société Nationale
des chemins de fer. Les porteurs refusant cet échange
devaient être remboursés par tirage au sort dans la
mesure des disponibilités du Trésor, c'est-à-dire d'une
très incertaine façon.

La moralité financière de cette opération est évidemment contestable ; la question était de savoir si elle était préférable à l'inflation à laquelle il eut fallu recourir pour rembourser les bons à leur échéance.

*

La tentative au retour à l'étalon or par une faillite partielle, comme en Belgique, est une opération avantageuse en apparence au point de vue mathématique, mais qui, en réalité, ne l'est pas plus à ce dernier point de vue qu'au point de vue psychologique.

Elle ne l'est pas au point de vue psychologique pour les raisons que voici :

Lorsqu'un billet de banque de cent francs n'est accepté à l'étranger que pour vingt francs, le franc est momentanément stabilisé au cinquième de sa valeur. C'est donc, en apparence, la même chose que si l'on donnait, comme le font les Belges, un billet de vingt francs convertissable en or, en échange d'un billet de cent francs ordinaire.

En réalité, ces diverses opérations, d'aspect identique, sont psychologiquement bien différentes. Le franc a, en effet, conservé, dans divers pays, en France surtout, un prestige mystique indépendant de sa valeur réelle d'échange. L'ouvrier auquel on proposerait un salaire de dix francs-or au lieu de cinquante francs-papier, ce qui serait pourtant la même chose, n'accepterait pas cette substitution, et d'autant moins que ses fournisseurs habituels ne se décideraient que lentement à lui donner pour ses dix francs-or une quantité de marchandises identique à celle livrée pour cinquante francs-papier.

Il faut remarquer aussi qu'en conseillant de stabiliser définitivement le franc au cinquième de son ancienne valeur, opération consistant réellement en une faillite de 80 p. 100, « on semble oublier, comme le fait remarquer la *Westminster Gazette*, que ce serait supprimer définitivement une part très importante des richesses et des biens que possède la population. »

Évidemment la stabilisation de fait, indépendante de toute action gouvernementale, a réduit le franc au cinquième de sa valeur, mais les intéressés conservent l'espérance qu'il pourrait reprendre son ancien taux.

Stabilisation de fait et stabilisation obligatoire sont au fond la même chose, mais la stabilisation forcée consacrant, comme celle de la Belgique, une ruine définitive des quatre cinquièmes de la fortune, ne laisse place à aucune espérance. La stabilisation naturelle permet au contraire d'espérer le retour de la monnaie à son ancienne valeur. Or, en politique comme en religion, les hommes vivent surtout d'espérances.

Ces influences psychologiques, que ne voient pas toujours les experts, rendent fort dangereuses les solutions radicales qu'ils proposent en leur donnant des arguments mathématiques pour soutien. Ces arguments ne suffisent nullement, d'ailleurs, à justifier une stabilisation forcée comme celle dont nous venons de montrer les inconvénients psychologiques.

Les raisons mathématiques de l'opération réalisée en Belgique ne seraient valables que si les billets nouvellement émis avaient une représentation équivalente en or dans les caisses de la Banque qui les a émis, mais il n'en a rien été.

Pratiquement, en effet, il fallut bien se contenter d'une garantie en or très inférieure au chiffre d'émission des billets.

Les nouveaux billets n'ayant qu'une garantie partielle en or se trouveront, par ce seul fait, soumis aux spéculations de la Bourse, c'est-à-dire à toutes les fluctuations du change. Les Belges en feront probablement bientôt l'expérience.

Étant donné la situation de la France au moment où j'écris ce livre, on peut dire que la meilleure solution actuelle des problèmes de la stabilisation est celle formulée par le ministre des Finances à la tribune :

« Une stabilisation de fait doit précéder la stabilisation légale. Cette stabilisation de fait ne se décrète pas, elle s'obtient par la sagesse ; elle n'existera que lorsque toutes les principales causes de trouble monétaire auront disparu, et malheureusement nous n'en sommes pas encore là. »

On sait les violentes critiques que provoqua, chez les députés socialistes, le refus du ministre de stabiliser légalement la monnaie. Convaincus que les sociétés se refont à coups de décrets, ces naïfs législateurs étaient persuadés qu'il suffisait d'un décret pour obliger tous les peuples de l'univers à accepter les billets de banque français au cours déterminé par une loi.

Dans les circonstances actuelles il faut donc vivre avec une monnaie dépréciée, mais ne pas oublier qu'une monnaie quelconque devient excellente dès que l'industrie et le commerce prospèrent. Essayons de les améliorer et renonçons, malgré les conseils des experts, aux dangereux emprunts étrangers. Ils alourdiraient encore notre budget par le paiement des intérêts et, en outre, finiraient par mettre la France sous la tutelle de l'étranger. Elle s'y trouve déjà beaucoup trop.

*
* *

On a souvent représenté les Américains comme spéculant contre les monnaies européennes dépréciées pour en faire baisser le cours; ils sont, au contraire, très intéressés à la stabilisation de ces monnaies, celle de la France notamment. Dans une conférence faite à l'Association économique internationale, M. Owen D. Young, un des auteurs du plan Dawes, faisait remarquer :

Qu' « il était plus important pour les Etats-Unis de restaurer la stabilité des monnaies du monde et de les sauver des fluctuations des changes que d'obtenir le paiement de nos créances sur les nations étrangères. »

« — C'est maintenant notre devoir de veiller à ce que les moyens d'échange entre tous les pays reposent sur une base qui rende le crédit possible et les prêts sûrs. C'est pourquoi aussi l'or qui reste en la possession des Etats-Unis constitue un fonds de garantie pour les valeurs du monde. »

*
* *

Le problème de la stabilisation des monnaies, à l'étude duquel vient d'être consacré ce chapitre, est un nouvel exemple des conflits entre les forces écono-

miques et les influences psychologiques qui caracté-
risent l'âge actuel.

La solution des problèmes résultant de ces conflits
reste difficile. Ils représentent, en effet, des équations
dont les divers termes n'ont pas de commune mesure.
Elles contiennent des éléments économiques qui se
pèsent facilement et des influences psychologiques
dont aucune méthode ne permet d'évaluer exactement
la grandeur. Les forces économiques pondérables
tendent à dominer le monde, mais les impondérables
forces psychologiques sont parfois plus puissantes
encore.

CHAPITRE III

FACTEURS ÉCONOMIQUES ET PSYCHOLOGIQUES DU PROBLÈME DE LA STABILISATION

Nous venons d'étudier sommairement le problème de la stabilisation. Il ne sera pas sans intérêt de rappeler quelques-unes des discussions dont il fut l'objet. Cet exposé fera voir à quel point, dans les questions économiques nouvelles entremêlées d'influences politiques et psychologiques, il est difficile d'arriver à des certitudes.

On sait que, pour tâcher de découvrir les moyens de restaurer nos finances, et notamment d'améliorer la valeur du franc, une commission d'experts fut chargée de découvrir les méthodes à employer. Après de laborieuses réunions, ils formulèrent les conseils suivants :

1° reconnaître immédiatement les dettes envers les États-Unis.

2° Faire de grands emprunts à l'étranger afin d'obtenir une masse de manœuvre permettant d'empêcher les oscillations du franc ;

3° stabiliser la valeur du franc par décret.

Malgré toute l'autorité des experts aucun de leurs

conseils ne fut suivi, l'amélioration du franc fut obtenue, comme le faisait remarquer ironiquement un
grand journal anglais, en opérant d'une façon exactement contraire à celle indiquée par les experts.
Ils déclaraient indispensable la reconnaissance des
dettes extérieures, et ces dettes n'ont pas été reconnues. Ils déclaraient non moins indispensable un grand
emprunt à l'étranger et le franc a été amélioré sans
qu'il ait été fait aucun emprunt. Ils déclaraient une
stabilisation légale du franc nécessaire et aucune stabilisation n'a été effectuée.

Ainsi qu'il arrive souvent, la sagacité d'un seul
homme a été fort supérieure à celle d'une collectivité.
Le ministre des finances a marqué combien à la tribune, il eût été onéreux de suivre les conseils des
experts, lorsqu'il disait : « que la situation actuelle
eût été beaucoup plus redoutable si nous avions
stabilisé à un taux élevé avec le concours de l'é-
tranger ».

*
* *

Dans les problèmes relatifs à la valorisation du
franc, les illusions ont joué, comme dans beaucoup
d'opinions collectives, un rôle prépondérant.

Les experts se sont inspirés des illusions les plus
répandues et c'est pourquoi leurs conclusions furent
si médiocres. En ce qui concerne, notamment, la stabilisation par décret. M. Charles Dupuy sous-directeur
de l'École des Sciences politiques, leur a fait justement observer que :

« ... La stabilisation est impuissante à donner la stabilité, parce que la stabilité ne saurait dépendre d'une disposition législative, qu'elle ne peut résulter que d'un équilibre réel, et non artificiel, entre les ressources et les engagements. Stabilisation n'est pas stabilité ; stabilisation ne garantit pas stabilité. »

*
* *

Les problèmes posés aux experts étaient à la fois d'ordre économique et psychologique. C'est en s'appuyant principalement sur les facteurs psychologiques que le gouvernement réussit à relever la valeur du franc.

Le rapport de M. Chéron au Sénat montre combien, à un certain moment, la situation avait été critique :

« Le gouverneur de la Banque de France, le 21 juillet 1926, avait averti le gouvernement de l'imminence d'une suspension des paiements de l'établissement. Les demandes de remboursement des bons de la Défense Nationale affluaient. Les menaces du cartel avaient tué la confiance. Le 20 juillet 1926, la livre sterling était cotée en bourse 240 fr. 25, le dollar 49 fr. 21, le cours de la rente 3% était tombé à 44 fr. 50. ...L'État se trouvait acculé soit à une inflation nouvelle qui eut précipité la chute du franc, soit à la redoutable éventualité de suspendre ses paiements. »

La situation fut transformée par un nouveau Président du Conseil qui sut inspirer confiance.

Les conséquences de son intervention furent rapides : à la date du 11 décembre 1926 la livre est à 122 fr. 50, avec une diminution de près de 120 points sur le mois de juillet.

La crise qui avait failli emporter le crédit de la France, et qui ébranla le pays tout entier, fut une crise de confiance.

La confiance qui permit le relèvement du franc

fut le résultat de plusieurs facteurs, notamment le rétablissement de l'équilibre budgétaire et la barrière opposée aux menaces socialistes.

Un grand journal a très bien résumé, dans les termes suivants, ce rôle des influences psychologiques :

« Tant que les socialistes ont gouverné dans la coulisse, la livre à 240 francs, la catastrophe toute proche. Dès que les socialistes n'ont plus eu de prise sur le gouvernement, la livre à 123 francs, la stabilité de fait. »

La confiance est un des soutiens psychologiques de la monnaie mais ce soutien est provisoire. Ainsi que je l'ai précédemment rappelé le cours de la monnaie ne peut être maintenu que par l'accroissement de la richesse nationale due aux progrès de l'agriculture et de l'industrie. Les questions de monnaie s'évanouissent fatalement dès qu'un pays peut payer ses importations avec ses exportations. Toute monnaie devient alors presque inutile.

Le rôle de la confiance dans le relèvement du franc n'avait pas échappé aux experts. mais les moyens proposés par eux pour la rétablir auraient été probablement plus dangereux qu'utiles.

Parmi ces moyens figuraient comme nous l'avons dit plus haut : 1° l'urgence de régler les dettes interalliées ; 2° la nécessité de faire un emprunt important destiné à procurer à la Banque de France les devises nécessaires pour augmenter la garantie des billets de banque, et accroître ainsi leur valeur ; 3° la stabilisation du franc par décret.

Les faits ont prouvé, qu'une amélioration du franc dépassant toutes les espérances des experts avait été obtenue sans aucun des moyens indiqués par eux. On saisira les causes des illusions dont cette collectivité d'hommes sages fut victime en discutant les causes de leurs propositions.

*
* *

Le paiement des dettes interalliées pourrait-il influencer la situation financière? A en croire les experts et plusieurs économistes, — anglais et américains, surtout, — l'amélioration de la situation financière de la France aurait été liée à la reconnaissance des dettes envers ses anciens alliés.

Il est pourtant visible, sans y réfléchir longuement, que le paiement annuel de nombreux milliards à l'étranger, loin d'améliorer le franc, n'aurait fait qu'en précipiter la chute. Pour se procurer les livres et les dollars nécessaires aux paiements, il aurait fallu vendre, en effet, sur les marchés étrangers des quantités colossales de francs. En raison de la souveraine loi de l'offre et de la demande, cette opération eût fait baisser énormément la valeur du franc, résultat exactement contraire à celui espéré.

En admettant même que les banquiers étrangers aient pu être influencés par la reconnaissance des dettes, il est infiniment probable que le nombre de milliards prêtés par eux eut été très au-dessous de la réserve d'or nécessaire pour améliorer le cours des cinquante milliards environ des billets de banque français en circulation.

J'ai déjà rappelé que les Américains eux-mêmes commencent à voir l'inconvénient de ces dettes si aisément reconnues par les experts. Aux citations déjà reproduites dans un précédent chapitre j'ajouterai encore celle de M. Baker, ancien secrétaire de la guerre aux Etats-Unis :

> « Il est inconcevable, que le reste du monde continue à faire des affaires avec nous pendant les soixante-deux ans où chaque pays verra peser sur ses propres industries des impôts écrasants payables aux Etats-Unis sous une forme ne différant pas beaucoup du tribut que Rome imposait à ses ennemis. »

Les experts ne paraissent pas d'ailleurs avoir possédé des notions psychologiques bien judicieuses sur la mentalité des banquiers américains. Ces banquiers sont, en réalité, des commerçants ne désirant pas laisser improductif l'or constituant leur marchandise. Non seulement ils demandent à l'utiliser en prêts fructueux, mais ils cherchent aussi à prendre des intérêts dans les industries susceptibles de rapport. C'est ainsi qu'aujourd'hui ils possèdent beaucoup d'actions d'entreprises diverses en Allemagne.

On voit par ce qui précède que la proposition des experts d'améliorer notre situation financière par la reconnaissance de lourdes dettes à l'étranger constituait une illusion dangereuse.

Peut-on stabiliser une monnaie par des rachats en Bourse? Cette illusion, partagée par d'éminents financiers, a coûté un milliard à l'Allemagne, quand elle voulut empêcher la chute du mark, et 800 millions à la Belgique, dans sa première tentative de stabilisation.

Semblable illusion a été également partagée par tous les ministres des finances français qui se sont succédé depuis quelque temps. Elle a englouti bien des millions et, sans un changement de ministère, la réserve d'or de la Banque de France eût subi un anéantissement total.

Lorsque nos experts conseillaient la reconnaissance des dettes de la France envers ses alliés, ils supposaient sans doute, eux aussi, qu'avec les milliards prêtés par les banquiers étrangers émus de cette reconnaissance des dettes, on pourrait constituer « une masse de manœuvre » permettant, par des rachats méthodiques, de maintenir le cours du franc.

Assurément, on peut, par des demandes d'une devise en Bourse, faire monter artificiellement son cours ; mais, pour réussir à maintenir indéfiniment ce cours, il faudrait une réserve d'or que l'État, acheteur de sa propre monnaie, ne possède pas, puisque c'est justement sa pauvreté en or qui occasionne la dépréciation de la monnaie.

Sans doute, l'État racheteur s'imagine volontiers que le rachat en or de la monnaie dépréciée inspirera une telle confiance qu'après quelques remboursements le public conservera son papier sans en demander l'échange.

De cette illusion dont furent successivement victimes les gouvernants allemand et belge, nous aurions été victimes à notre tour, en suivant les mêmes errements.

Tant que la Belgique, à l'époque de sa première

tentative de stabilisation, posséda assez d'or ou de devises équivalentes pour racheter ses francs sur le marché, elle put maintenir la livre à 107 francs ; mais aussitôt que sa réserve se trouva épuisée, les remboursements furent forcément suspendus. La livre remonta rapidement à 150 francs, taux qu'elle devait dépasser bientôt.

L'amélioration d'une monnaie par des rachats en Bourse n'a encore réussi à aucun État.

L'impossibilité de maintenir artificiellement le taux d'une monnaie fiduciaire par des rachats en Bourse ne semble pas due uniquement à des motifs économiques ou psychologiques, mais aussi à certaines raisons mathématiques.

Le calcul des probabilités démontre, en effet, qu'un joueur à fortune finie, jouant avec le possesseur d'une fortune infinie, est fatalement condamné à la ruine. Une Bourse quelconque, en raison de ses relations télégraphiques instantanées avec toutes les autres Bourses de l'univers, représente une immense salle de jeu contenant tous les spéculateurs du monde. Le pays qui rachète sa monnaie représente le joueur à fortune limitée dont je parlais plus haut. Le joueur à fortune illimitée est constitué par la totalité des joueurs du monde. En raison de la loi mathématique formulée plus haut, le joueur à fortune finie, c'est-à-dire un simple État, est fatalement condamné à engloutir tout l'or qu'il possède dans la tentative de faire monter le cours de sa monnaie.

Quelle que soit la valeur de l'argument mathématique qui précède, l'expérience prouve qu'aucun rachat en Bourse ne peut faire remonter longtemps la valeur d'une monnaie, si le public n'a pas confiance dans cette monnaie.

A défaut des expériences précédemment rappelées et des arguments qui viennent d'être énoncés, un raisonnement bien simple montrera aisément combien sont erronées les espérances relatives à l'efficacité d'une masse de manœuvre.

Supposons, en effet, qu'un Etat possède une masse de manœuvre déclarée suffisante pour ôter aux spéculateurs l'idée de provoquer par des ventes la baisse d'une monnaie. Si l'impossibilité supposée était réelle, il s'ensuivrait que le pays possédant une certaine masse de manœuvre pourrait imprimer un nombre indéfini de billets de banque sans s'exposer à voir baisser leur valeur. Il deviendrait donc bientôt le plus riche pays de l'univers.

LIVRE IX

ROLE DE L'IDÉAL DANS LA VIE DES PEUPLES
LA RELIGION SOCIALISTE

CHAPITRE PREMIER

L'ÉVOLUTION DES IDÉALS MODERNES

Si les grands génies de la Grèce et de Rome dont
la pensée éclaira tant de générations revenaient à la
lumière, ils seraient éblouis par la simple énumération des merveilles réalisées depuis un siècle : des
forces, jadis insoupçonnées, mises au service de
l'homme, l'espace conquis, la foudre captée, la parole
instantanément transmise à travers le monde et
bien d'autres découvertes encore.

Ces illustres penseurs seraient étonnés sans doute,
mais leur pénétrant génie découvrirait vite que, si la
raison a transformé l'aspect matériel des civilisations,
elle exerce sur la conduite des hommes bien peu
d'action encore. Les croyances politiques et sociales

modernes ont les mêmes bases sentimentales et mystiques que les croyances religieuses antérieures. Les passions qui armèrent jadis tant de peuples les uns contre les autres sont identiques à celles qui les arment aujourd'hui. Les dissensions qui ruinèrent la Grèce antique, les luttes civiles qui mirent fin à la République romaine sont nées de sentiments semblables à ceux qui bouleversent encore la vie des nations.

*
* *

Devant les découvertes de la science, les philosophes espéraient que notre siècle deviendrait celui de la raison pure, que les temples et les casernes seraient remplacés par ces laboratoires d'où surgissent des forces supérieures à celles dont disposaient lés dieux et qu'une concorde universelle unirait les peuples.

Il n'en a rien été et on ne saurait s'en étonner. Comment des découvertes d'origine rationnelle auraient-elles pu modifier les sentiments qui forment la trame de notre nature ?

La science a fourni aux sentiments de nouveaux moyens d'action, mais ne les a pas transformés. Et c'est pourquoi les découvertes scientifiques, loin d'introduire la paix dans le monde, n'ont fait que rendre les guerres modernes plus meurtrières et plus cruelles que celles du passé.

Les savants dont je parlais plus haut constateraient également que les illusions mystiques sont aussi puissantes aujourd'hui qu'elles l'étaient de leur temps. Faisant partie de la nature de l'homme, elles ne meurent pas plus que l'amour, l'ambition et la haine. Ils verraient très vite que les fidèles, prosternés il y a 8.000 ans devant les autels d'Isis, les socialistes transformant l'Etat en arbitre souverain de la destinée des hommes appartiennent, au point de vue psychologique, à la même famille. Les influences mystiques qui dominaient les premiers sont identiques à celles qui dominent les seconds.

Les peuples n'ont jamais supporté sans bouleversement la mort de leurs dieux, et c'est pourquoi, dès qu'un idéal divin se transforme, la civilisation qu'il inspirait se transforme également.

Sous l'influence des idéals issus des méditations de Bouddha, de Jésus et de Mahomet, de grands empires ont été détruits et d'autres ont été fondés.

*
* *

En dehors des idéals religieux, chaque époque fut influencée par un idéal politique qui change généralement après un petit nombre de générations. C'est ainsi, par exemple, qu'en France au xviie siècle, l'idéal politique fut la monarchie absolue représentée par Louis XIV. Au xviiie siècle, la révolution réussit à détruire en partie l'ancien régime, elle aboutit finalement à la création de monarchies constitutionnelles laissant aux peuples des pouvoirs politiques dont des révolutions successives amenèrent l'extension. Le xxe siècle vit le développement des pouvoirs populaires et, en même temps, la formation de grands états nouveaux tels que l'Italie et l'Allemagne, constitués par la réunion de petits états jadis séparés.

Le développement des idées démocratiques celles d'égalité surtout eut pour aboutissement final l'extension des influences socialistes. Leur application dans divers pays enfanta des désordres qui ont déjà ramené plusieurs grands états de l'Europe à des formes diverses de dictature. Elles semblent destinées à s'étendre si les gouvernements socialistes continuent à prouver leur incapacité à s'adapter aux nécessités qui dirigent aujourd'hui le monde.

L'insuccès des tentatives faites en Russie et ailleurs montre combien il est difficile pour les peuples fatigués d'un idéal ancien d'en créer un nouveau capable d'unifier les âmes.

La difficulté est d'autant plus grande aujourd'hui qu'un idéal n'a d'influence durable que s'il ne se heurte pas, comme l'idéal socialiste, aux exigences économiques nouvelles que les progrès des sciences et de l'industrie ont fait surgir.

*
* *

Trois grandes formes d'idéals sont en lutte, aujourd'hui, dans le monde : l'idéal religieux, l'idéal national, l'idéal international.

L'idéal religieux, très vivace encore chez beaucoup de nations, n'a cependant d'influence politique profonde que chez les peuples de l'Asie, ceux de l'Asie musulmane notamment. En Europe la religion socialiste tend à se substituer aux anciennes croyances religieuses.

L'idéal national, d'où l'idée de patrie dérive, s'est développé chez beaucoup de peuples depuis la guerre, en particulier chez ceux artificiellement créés par le traité de paix.

L'idéal international, qui repousse l'idée de patrie, est défendu par les socialistes et les communistes, qui s'imaginent que la suppression de la patrie engendrerait une paix universelle.

L'Histoire prouvant qu'une nation ne change pas d'idéal sans que sa civilisation se transforme bientôt, il en résulte que l'avenir des peuples dépendra de l'idéal qui régira leurs sentiments et leurs pensées.

Étudiés aux seules lumières de la raison, la plupart des idéals deviennent d'illusoires fantômes, mais, les observations répétées pendant de longs siècles prouvent que ces fantômes engendrèrent de vivantes réalités. Bouddha, Jésus et Mahomet ont transformé le monde, et du fond de leur tombeau, ils orientent encore la pensée de plusieurs millions d'hommes.

*
* *

Les idéals religieux le plus souvent, les idéals politiques quelquefois, ont eu seuls, jusqu'ici, le pouvoir de créer l'unité de sentiments et de pensée sans laquelle aucune civilisation n'a encore pu durer.

La puissante action d'idéals mystiques échappe aux partisans de la théorie dite matérialiste de l'histoire. Ses adeptes soutiennent que les peuples sont uniquement conduits par des besoins matériels, alors qu'en réalité la plupart des grands événements formant la trame de l'histoire ont eu pour origine des idéals mystiques bien étrangers à ces besoins. La fondation de l'Empire musulman, les croisades, les guerres de

religion et bien d'autres événements du même ordre,
eurent des influences mystiques pour cause et non
des besoins matériels. Tout autant que les besoins,
les idéals dirigent l'âme des peuples.

***

De nos jours, l'importance des idéals religieux est
devenue, chez beaucoup de peuples, bien moindre que
celles des idéals politiques ou sociaux, tels que le
désir d'hégémonie, les doctrines socialistes, etc.

L'idéal d'hégémonie forme exagérée de l'idéal
national, souvent qualifié d'impérialisme, faillit triompher avec les armées allemandes, mais il ne fut pas
le plus fort, et c'est l'idéal socialiste qui remplace
aujourd'hui les idéals mystiques divers dont l'homme
n'a jamais pu se passer.

Comme tous les idéals, il inspire des convictions
qu'aucun raisonnement ne saurait effleurer, mais ces
convictions, qui sont une des conditions de sa force,
constituent également une cause de sa faiblesse. Le
monde est arrivé en effet à une époque où des nécessités économiques qui ne fléchissent pas limitent
étroitement le pouvoir des illusions. Lorsque Mahomet, au nom d'une foi nouvelle, fille de ses rêves,
réussissait à bouleverser le vieux monde, il ne trouvait
pas devant lui l'infranchissable mur des nécessités
économiques que les disciples de Karl Marx rencon-
trent maintenant.

Mais, si le pouvoir constructeur de l'idéal socialiste
est bien faible, son action destructrice peut devenir
considérable. La Russie en fit l'expérience. Il fallut

l'influence d'un tout-puissant dictateur pour mettre fin en Italie aux désordres engendrés par l'application de la doctrine.

*
* *

De tous les idéals légués par le passé, un des plus puissants encore est l'idéal national constitué par le culte de la patrie.

A défaut d'arguments rationnels ou affectifs, il suffit de voyager un peu pour comprendre en quoi consiste une patrie.

La patrie, ce n'est pas seulement la terre des aïeux dont les générations nouvelles continuent la vie, mais cet ensemble de traditions, de pensées, de sentiments communs, de préjugés même, qui font que tous les hommes d'un pays se sentent frères. Il suffirait de transporter les plus farouches apôtres de l'internationalisme chez des peuples étrangers pour leur faire rapidement saisir la profondeur de l'abîme psychologique qui sépare des peuples de mentalités différentes.

On constate ces divergences quand sont réunis dans un Congrès des hommes de patries différentes. Bientôt éclatent les dissemblances, non pas seulement d'intérêts, mais de sentiments et de pensées qui les empêchent de se comprendre. Leurs croyances politiques les rapprochent un instant mais leur passé les désunit et ils s'en aperçoivent bientôt.

L'histoire du monde antique montre clairement, elle aussi, la puissance de l'idée de patrie. Les Romains dominèrent et civilisèrent le monde tant que le culte de Rome gouverna leurs âmes. Lorsque, sous l'influence des guerres civiles créées par les luttes sociales, le culte de la patrie s'affaiblit dans les cœurs, la décadence commença.

***

On peut résumer ce qui précède dans les conclusions suivantes :

En dehors des besoins matériels nécessaires à l'entretien de sa vie, l'homme est guidé par des éléments affectifs : ambition, haine, amour, etc., par des influences mystiques : croyances religieuses, politiques ou sociales et par des influences rationnelles dont le pouvoir est encore bien faible.

Les croyances mystiques engendrent les idéals qui dominent chaque peuple et lui permettent de ne pas rester une poussière d'hommes sans résistance et sans force.

Ces idéals, jadis concrétisés dans des dieux personnels, tendent à être remplacés par des dogmes et des formules auxquels est attribuée la même puissance, mais qui se heurtent à des nécessités économiques irréductibles.

Les bouleversements et l'anarchie actuelle du monde continueront jusqu'au jour où les besoins mystiques, qui ne sauraient périr, puisqu'ils font partie de la nature humaine, auront créé un idéal nouveau ne se heurtant pas aux réalités économiques qui transforment l'âge moderne.

CHAPITRE II

LES PROGRÈS DE LA RELIGION SOCIALISTE

On ne comprend bien la force du socialisme et du communisme qu'en les considérant comme une religion nouvelle inspirant la même foi mystique que les religions antérieures.

Cette assimilation, jugée paradoxale à l'époque où je la formulais dans un de mes plus anciens livres, est généralement admise aujourd'hui, même par les socialistes. Leur chef en France l'a déclaré du haut de la tribune parlementaire dans les termes suivants :

« Quand on vient nous dire : « Vous êtes une église », on ne nous offense pas... Nous sommes une catholicité ! Nous aussi prétendons à la domination spirituelle. Nous aussi créons quelque chose qui ressemble à une foi. Nous aussi, comme l'Eglise catholique, avons l'orgueil d'envisager les événements et les choses *sub specie æternitatis.*

... Le rôle de l'arbitrage entre les nations n'est plus réalisable par l'Eglise; c'est nous, le socialisme, qui le revendiquons; c'est à cette succession spirituelle que nous prétendons. »

La naissance d'une religion, phénomène assez rare dans l'histoire, est toujours accompagnée de bouleversements. Des méditations de Bouddha sous l'arbre de la sagesse, cinq siècles avant notre ère, surgit une religion qui changea l'existence de l'Extrême-Orient et dirige encore la pensée de quatre cents millions d'hommes. Le Christianisme détermina des transformations aussi profondes. Le dieu sorti des rêves de Mahomet permit à d'obscurs nomades de fonder un immense empire disparu aujourd'hui, mais dont la foi qui le fit naître est toujours vivante.

Si les religions possèdent une pareille force, c'est qu'elles donnent aux hommes ces pensées et ces sentiments communs qui créent l'unité et, par conséquent, la puissance des nations.

*
* *

L'inégale expansion du socialisme chez les divers peuples tient aux différences de mentalité qui les séparent. On résumerait sommairement quelques-unes de ces différences par une classification des peuples en étatistes et individualistes.

Chez les individualistes, toutes les grandes entreprises sont dirigées par l'initiative privée. Chez les étatistes, le gouvernement se trouvant chargé du plus grand nombre de fonctions possibles, les citoyens ne conservent qu'une dose d'initiative et d'indépendance fort restreinte.

C'est précisément en raison de ces divergences de mentalité que les peuples individualistes, les Américains surtout, repoussent avec horreur le socialisme. Les Latins, au contraire, l'admettraient facilement, s'il n'était entouré d'autant de menaces de ruine et de dévastation.

Les Américains se montrent justement fiers de leur individualisme et si, par nécessité militaire, ils ont dû subir l'étatisme pendant la guerre, ils l'ont rejeté dès la signature de la paix.

*
* *

Les différences de constitution mentale qui viennent d'être signalées ont des conséquences aussi importantes au point de vue économique qu'au point de vue social.

Des expériences fréquemment répétées ayant prouvé que toutes les fabrications de l'Etat sont beaucoup plus onéreuses que celles de l'industrie privée, les peuples définitivement socialisés se trouveraient dans un état d'infériorité manifeste à l'égard de ceux qui ne le seraient pas. Or, la plupart des pays ne pouvant vivre qu'en se procurant à l'étranger les matières premières que leur sol ne fournit pas, doivent les payer avec des marchandises dont les prix ne dépassent pas ceux de leurs concurrents sur le marché mondial.

Une nation entièrement étatisée par le socialisme serait obligée de vendre ses produits un prix plus élevé que ceux de ses rivaux. Elle deviendrait fatalement alors une nation de vie chère, de chômage et, par conséquent, comme en Russie, de misère pour les ouvriers dont le socialisme prétend améliorer le sort.

*
* *

Parmi les points essentiels du socialisme se trouve

la suppression du capitalisme et du salariat. Un savant
économiste a très bien montré, dans les lignes suivantes, publiées par le *Temps*, les côtés illusoires des
théories socialistes sur ces questions fondamentales :

« Le salariat étant considéré comme un mode barbare de
rémunération qui laisse toujours le travailleur aux prises
avec les inquiétudes de l'avenir, les socialistes voudraient
transmettre à l'Etat la responsabilité de la création continue
du travail dont le profit global serait réparti entre les travailleurs, sans perception intermédiaire. Il s'agit moins pour eux
de supprimer effectivement le capital que de l'arracher à ses
possesseurs actuels pour leur enlever du même coup la direction des affaires. Ainsi une révolution serait nécessaire,
mais ensuite le capital subsisterait, pesant du poids de ses
intérêts sur le budget de l'Etat comme la rente d'aujourd'hui.
Du moins, les travailleurs seraient-ils les maîtres apparents
de leur destinée.

Nous avons pu voir ce que donnait la mise en œuvre de
cette formule en Russie : un fonctionnarisme beaucoup plus
onéreux que le patronat, et surtout l'incapacité d'adapter la
production à la consommation. L'ouvrier se retrouvà finalement plus salarié que jamais, mais à des taux moindres et
soumis tout de même au chômage. En vérité, on ne peut concevoir toute « l'économique » d'un pays centralisée entre les
mains des fonctionnaires sans que s'ensuive la ruine de l'Etat. »

Sans doute le salariat subira la loi commune qui
oblige les institutions à changer. La fusion des intérêts de l'ouvrier avec ceux du patron comme en
Amérique, la possession par les travailleurs d'une
partie des actions des entreprises auxquelles ils col-
laborent, montre que le salariat évoluera, mais dans
un sens fort différent de celui rêvé par les socialistes.

*
* *

Les illusions des théoriciens ne sauraient prévaloir
contre cette loi psychologique irréductible que l'ini-

tiative et l'effort individuel constituent, d'après l'expérience, des stimulants qu'aucun sentiment collectif n'arrive à remplacer.

Supposons que, par miracle, le rêve socialiste ait été réalisé il y a un siècle sous l'influence d'un gouvernement international autocratique. Tous les salaires ayant été égalisés, la concurrence et tous les autres éléments de l'effort et de l'initiative personnelle, s'étant trouvés supprimés, aucun progrès nouveau n'aurait pu naître. Les chemins de fer, l'électricité et les diverses découvertes qui ont transformé la civilisation seraient inconnus. L'ouvrier continuerait à mener la vie de privations à laquelle il était alors condamné.

Si le miracle que nous supposons réalisé il y a cent ans se réalisait demain, le résultat serait identique, la naissance de tout progrès se verrait empêchée et tant que durerait ce régime, l'humanité resterait maintenue exactement au point où elle se trouve aujourd'hui.

*
* *

Ces évidences ne touchent pas les socialistes. Ils sentent bien, cependant, que leur régime mettrait en grand état d'infériorité les peuples qui l'accepteraient. Et c'est pourquoi leur rêve tend à l'établissement d'une dictature internationale, qui réglerait pour l'univers la production, les salaires, les prix, les échanges, etc., de façon à supprimer toute concurrence industrielle et commerciale.

« Il faudra, disait au parlement M. Léon Blum, introduire dans la vie respective des nations, une sorte de légalité internationale ; il faudra admettre une sorte de limitation. »

Traduites en termes clairs, ces déclarations signifient simplement que le monde devrait être régi par un gouvernement socialiste, lequel constituerait nécessairement une dictature internationale absolue.

*
* *

La force de la religion socialiste ne réside nullement dans sa doctrine, mais, je le répète, dans les sentiments qui lui servent de soutien.

Le plus caractéristique de ces sentiments est un besoin d'égalité d'où résulte la haine intense de toutes les supériorités de la fortune et de l'intelligence.

Les diverses formes de supériorités étant individuelles et jamais collectives, on conçoit aisément que l'être collectif les ait toujours mal supportées. Peu importe à la multitude que les merveilles de la science et de l'art, qui, en transformant les civilisations, transformèrent également le sort des travailleurs, soient exclusivement dues à des capacités individuelles. Elle veut régner à son tour. La formule : « Dictature du prolétariat » traduit nettement cette aspiration. Il est donc naturel que le premier acte du socialisme triomphant en Russie ait été le massacre systématique de toutes les élites.

« L'envie, disait La Rochefoucauld, est une fureur qui ne peut souffrir le bien des autres. »

A cet élément de force, le socialisme joint encore

le besoin d'une foi mystique dont les peuples ne purent jamais se passer.

Devenu une religion, le socialisme échappe par ce seul fait à l'influence de la raison et de l'expérience. Les religions qui menèrent toujours le monde ne sont pas nées de la raison et ne craignent pas nos raisons.

Ce n'est donc ni la faiblesse des dogmes qu'elle propose, ni l'esclavage qu'elle impose qui pourraient entraver la diffusion de la religion socialiste.

*
* *

Le socialisme comprend deux branches encore distinctes, mais qui tendent à se confondre. D'abord, le socialisme que l'on pourrait qualifier de bourgeois, parce qu'il a surtout des bourgeois pour adeptes ; puis, le socialisme populaire, qualifié de communisme, défendu principalement par les meneurs de la classe ouvrière.

Ces deux frères se combattent quelquefois, mais poursuivent exactement les mêmes buts : suppression de la propriété privée, expropriation des entreprises industrielles et leur gestion par l'État. Ils ne diffèrent que dans les méthodes de propagande. Le socialisme bourgeois a l'illusion de pouvoir transformer la société avec des lois, le communisme voudrait la détruire d'abord pour la rebâtir ensuite.

En attendant que la religion socialiste unisse les hommes, elle n'a fait que les diviser davantage. Ses résultats les plus clairs ont été de ramener à la barbarie la Russie, seul pays qui l'ait entièrement adoptée, et de forcer l'Italie à s'en débarrasser par un dictateur.

*
* *

Il est attristant de songer que tant d'accumulations de ruines et tant de sang versé pour transformer la vie sociale des peuples, c'est-à-dire en réalité refaire leur âme, n'ait généralement réussi qu'à changer le nom des institutions détruites.

Rappelant, à propos de la Russie, les démonstrations que j'ai souvent répétées, un éminent académicien, M. Bourdeau, écrivait dans le journal des *Débats* :

« A quel point l'exemple de la Russie ne justifie-t-il pas les thèses du docteur Gustave Le Bon ? Celle-ci, tout d'abord, que les révolutions ne changent point le caractère des peuples et que, si elles brisent la chaîne des traditions, elles en forgent de nouvelles sur le modèle des anciennes. Le culte de Lénine n'a fait que remplacer celui du tzar. De même, la dictature militaire et policière sur le prolétariat n'a fait que renforcer celle de l'ancien régime. La classe jadis dominante a été dépossédée et massacrée, de nouvelles classes lui ont succédé. L'égalité politique n'a pas plus été réalisée que l'égalité économique et l'égalité sociale. »

*
* *

Un des dangers du socialisme en France, c'est qu'il attire les partis politiques incertains qui espèrent, en s'alliant à lui, conquérir les suffrages des électeurs.

Ils oublient alors que la loi d'accélération des mouvements révolutionnaires est analogue à celle qui régit la chute des corps. En deux années, la même charrette conduisit au fatal couteau les doux Girondins qui croyaient, eux aussi, refaire le monde avec des lois et des discours, le farouche Danton, fondateur d'un tribunal destiné à faire périr sans retards inutiles les contempteurs de sa foi, enfin le sombre Robespierre, espérant régénérer la France en abattant le plus grand nombre possible de têtes.

Cette courbe des mouvements révolutionnaires a été également observée en Russie. Après la pâle Douma, puis le verbeux Kerenski, ce fut Lénine avec ses fusillades en masse et son cortège de bourreaux chinois, destinés à raffiner les supplices.

Les conséquences de l'extrémisme sont partout les mêmes. Au couperet de Robespierre, aux fusillades de Lénine, succède bientôt le sabre du dictateur, qui met généralement fin à l'anarchie. Il n'a pas encore surgi en Russie, mais sa venue est inévitable.

*
* *

Nos agitateurs devraient se rappeler que si la France est parfois révolutionnaire, comme tous les pays à évolution trop lente, elle possède une âme ancestrale stabilisée depuis longtemps, qui la rend finalement très conservatrice.

Ce double caractère : révolutionnaire dans la forme, conservateur dans le fond, doit être retenu pour comprendre notre histoire et l'invariable tendance des foules à se tourner vers un César libérateur quand l'anarchie grandit. Elle explique Bonaparte au moment où la France, fatiguée du désordre révolutionnaire, cherchait un maître. Elle explique le second Empire, surgissant lorsque le peuple, inquiet des progrès socialistes, accorda sept millions de suffrages au dictateur qui promettait de rétablir l'ordre. Les événements de l'Histoire semblent issus d'imprévisibles hasards; ils sont, en réalité, régis par des lois éternelles.

*
* *

Quels que soient les arguments qu'on puisse invoquer contre les doctrines socialistes, elles continuent à se propager parce qu'elles ont pour adeptes l'immense légion des hommes mécontents de leur sort et auxquels les anciens idéals ne suffisent plus.

Parmi eux figure la foule de fonctionnaires et de petits bourgeois qui ont envoyé beaucoup d'extrémistes au Parlement parce qu'ils mettaient en eux l'espoir de voir améliorer leur situation, et renaître l'aisance que les perturbations financières avaient fait disparaître. Ils abandonneront d'ailleurs bien vite le socialisme, quand ils verront que ses défenseurs sont incapables de leur rendre l'aisance perdue.

Le passage suivant, publié en avril 1926 dans le plus influent des journaux socialistes français, donne un exposé très net des aspirations du parti, et des conséquences que leur réalisation pourrait entraîner.

A propos du 1er mai 1926, ce journal invitait les membres du parti :

« A revendiquer le prélèvement sur le grand capital et la nationalisation des banques et des grands monopoles capitalistes, seules mesures susceptibles de faire payer effectivement les riches.

... La paix immédiate au Maroc et en Syrie, en exerçant sur les gouvernants au service des banquiers « colonisateurs » une pression prolétarienne d'une telle force qu'ils soient contraints de faire la paix. »

La diffusion des théories socialistes s'observe aujourd'hui dans tous les éléments de la vie journalière jusque dans les administrations municipales, qui tendent de plus en plus à intervenir dans les industries et le commerce local. On a fait observer avec raison que le socialisme municipal est bien autrement dangereux que le socialisme d'État, étant donné l'infiltration communiste dans maintes localités urbaines ou rurales.

*
* *

L'âge actuel représente une période d'incertitudes résultant des conflits qui divisent les peuples et les partis politiques de chaque peuple.

Il en sera ainsi, je le répète, tant que l'homme moderne n'aura pas trouvé un idéal nouveau possédant, comme les anciens, le pouvoir de diriger la vie, de créer les volontés fortes et les persévérants labeurs. L'idéal socialiste, n'étant que destructeur, ne saurait exercer un tel rôle.

Le socialisme est en réalité beaucoup plus dangereux, peut-être, par la mentalité révolutionnaire et envieuse qu'il propage, que par les doctrines qu'il propose. Dès que ces doctrines arrivent, en effet, à se réaliser, elles se heurtent à un mur de nécessités économiques et d'impossibilités psychologiques qui en révèlent bientôt l'impuissance ; mais la mentalité nouvellement créée subsiste.

Les théoriciens, incapables de comprendre l'infériorité de leurs doctrines, s'en prennent aux hommes et, comme en Russie, massacrent par milliers tous ceux auxquels ils attribuent leurs insuccès.

*
* *

En politique, les raisonnements ont peu d'action, seules des expériences répétées finissent par agir sur l'âme des peuples. Elles n'agissent malheureusement qu'après avoir été suffisamment répétées et coûtent fort cher. Les expériences socialistes, qui ruinèrent la Russie et failliront ruiner l'Italie, avaient été précédées d'autres expériences également fort coûteuses. En France, notamment, en 1848 et en 1871.

En 1848, elles coûtèrent une révolution, la division de la France en partis rivaux, et finalement la nomination par 7.000.000 de suffrages d'un dictateur couronné qui devait conduire plus tard la France à une dangereuse invasion. En 1871, la naissance de la commune socialiste eut pour conséquences de nombreux massacres et l'incendie des plus beaux monuments de la capitale.

*
* *

Le socialisme et sa forme extrême, le communisme, sont devenus fort dangereux. On a évalué à huit cent mille le nombre des électeurs communistes en France, chiffre très supérieur aux deux cent mille Jacobins de la Terreur. C'est donc avec raison que les chefs moscovites du bolchevisme classent le parti communiste français au second rang par sa puissance.

Le parti radical, qui jouait en France un rôle si considérable alors qu'il était uni, se traîne de plus en plus à la remorque du socialisme, grand pôle d'attraction pour les esprits faibles, ne pouvant se passer d'une croyance capable d'orienter leurs pensées.

Sans doute, nous l'avons vu déjà, les forces ancestrales finissent toujours par limiter les dangereuses oscillations des foules. Mais ces forces agissent lentement et ne sauraient prévenir les ravages exercés par les influences extrémistes.

On redoute fort, aujourd'hui, les ennemis du dehors, mais il faut craindre davantage peut-être les ennemis du dedans.

Socialistes, communistes, syndicalistes, bien que représentants de théories diverses, s'unissent partout contre l'ordre social établi. Ils l'ont brisé en Russie et faillirent le détruire en Italie, en Espagne et en Grèce.

* *
* *

Les conséquences de l'évolution socialiste étaient depuis longtemps faciles à prévoir, car ce n'est pas d'aujourd'hui, nous l'avons vu, que sous des formes diverses cette doctrine a fait son apparition dans le monde. Rappelant, dans un ancien ouvrage, que les guerres sociales, après avoir conduit la Grèce à la servitude, contribuèrent à amener la fin de la république romaine et la venue des Césars, j'écrivais :

« Plusieurs peuples de l'Europe vont être obligés de subir la redoutable phase du socialisme. Trop oppressif pour pouvoir durer, il fera regretter l'âge de Tibère et de Caligula et ramènera cet âge. On se demande, parfois, comment les Romains du temps des empereurs, supportaient si facilement

les férocités furieuses de tels despotes. C'est qu'eux aussi
avaient passé par les luttes sociales, les guerres civiles, les
proscriptions, et y avaient perdu leur caractère. Ils en étaient
arrivés à considérer ces tyrans comme les derniers instruments de salut. On les toléra parce qu'on ne savait comment
les remplacer. Ils ne furent pas remplacés en effet. Après eux,
ce fut l'écrasement final sous le pied des barbares, la fin d'un
monde. L'Histoire tourne dans le même cercle ».

CHAPITRE III

LA MENTALITÉ BOLCHEVISTE

En dehors des théories qui lui servent quelquefois de support, mais dont la plupart des sectateurs de la doctrine n'ont jamais entendu parler, le bolchevisme constitue une mentalité spéciale fort répandue aujourd'hui.

En quoi consiste donc cette mentalité si répandue, alors que la doctrine politique ne s'est développée qu'en Russie et n'a envahi certains états civilisés, comme la Hongrie, que pour être bientôt repoussée par ceux-là mêmes qui l'avaient acceptée ?

La mentalité bolcheviste a, comme caractéristiques principales, un esprit de révolte permanent contre toutes les formes d'autorité, à l'exception de celle des chefs de la doctrine, la haine jalouse de toutes les supériorités, le retour aux instincts primitifs, l'ardent désir de supprimer violemment les contraintes sociales que la civilisation oppose à ces instincts.

Cette mentalité, plus répandue chaque jour, se manifestait déjà dès les débuts de la paix. J'en eus la première notion lorsque des milliers d'électeurs parisiens choisirent comme député un capitaine bolchéviste, sans avoir d'ailleurs la moindre idée de sa doctrine.

Ignorant à cette époque en quoi consistait le bolchévisme, je cherchais à me renseigner le soir même de cette élection auprès d'un vieux philosophe de mes amis.

Il était malheureusement aussi ignorant que moi, mais m'assura que, si je voulais bien dîner avec lui, les propos de sa bonne, très révoltée depuis quelque temps, pourraient me documenter.

Ils me documentèrent en effet; bien que faiblement érudite, la servante bolchéviste me donna en réponse à mes interrogations d'assez judicieux conseils.

— Laissez vos bouquins dit-elle, regardez le grouillement de la vie. Les livres, ça parle de choses mortes et c'est pourquoi les savants qui passent leur temps à les lire ne savent pas grand chose du monde. Regardez autour de vous et peut-être arriverez-vous à comprendre le bolchévisme.

Malgré leur forme médiocrement littéraire, ces conseils contenaient un fonds de vérité dont je m'empressai de tenir compte.

Le hasard me servit assez bien. Dès le lendemain, en effet, je rencontrai chez un ami qui faisait réparer son appartement une équipe d'ouvriers divers échangeant, à propos de l'élection récente, des réflexions révolutionnaires, d'ailleurs dépourvues d'aménité pour les patrons qui les employaient. Me mêlant à leur conversation, je déclarai d'un air entendu au plus bruyant des orateurs de la bande que le bolchévisme était sans doute, suivant les prétentions des propagateurs de la doctrine, une application des principes de Karl Marx.

— Karl Marx? Connais pas. Ça doit être un des rois boches détrônés récemment. Les rois et les bourgeois, n'en faut plus. C'est l'ouvrier qui doit être bourgeois à son tour. Voilà le bolchevisme.

Ce jugement, bref sans doute, mais suffisamment clair, me fit continuer mes recherches.

Elles furent instructives, puisque de leur ensemble se dégageait nettement l'armature de la mentalité bolcheviste : haine de l'ouvrier contre le patron, hostilité des employés contre leurs chefs, jalousie générale des inférieurs à l'égard des supérieurs, libération des instincts que les contraintes sociales réprimaient jadis, mépris de l'autorité partout.

De ces observations et d'autres du même ordre il ressortait assez clairement que le bolchevisme désignait sous un nom nouveau un état mental extrêmement ancien, puisqu'il se manifestait déjà avant le déluge. Le Caïn de la légende biblique tuant son frère de la prospérité duquel il était jaloux est le véritable ancêtre des bolchevistes. Caïn traita Abel exactement comme Lénine devait traiter plus tard les bourgeois favorisés par la fortune ou l'intelligence.

***

Nous venons d'esquisser sommairement la mentalité bolcheviste. Disons, maintenant, quelques mots de la doctrine.

Rajeunie en apparence par des théories livresques,

elle n'est qu'un simple retour au communisme des premiers âges.

Ces théories représentent, en réalité, le besoin des révolutions triomphantes de trouver une justification rationnelle à leurs violences. *Le Contrat Social* de J.-J. Rousseau, qui enseignait la bonté primitive de l'homme uniquement perverti par les sociétés, fut la bible de Robespierre et servit à rationaliser la guillotine. L'œuvre du juif Karl Marx, dont les doctrines sont souvent aussi enfantines que celles de Rousseau, devint la bible de Lenine et de ses associés. Elle permit de justifier les systématiques massacres des intellectuels et le pillage général des fortunes.

En fait, les foules révoltées ne se préoccupent guère des systèmes. Il n'existe que de bien lointains rapports entre l'idéologie marxiste et l'organisation des républiques soviétiques. Les communistes russes connaissent fort peu leur grand prêtre Karl Marx, et les communistes français ne le connaissent pas davantage. L'un d'eux avouait, au parlement français, n'avoir jamais lu une ligne de ce théoricien célèbre. Il faut l'en louer, car les livres de Karl Marx contiennent un si grand nombre d'assertions démenties plus tard par les événements, que leur lecture suffirait à guérir du communisme tout esprit impartial.

Jugeant inutile d'insister sur les théories communistes, il sera suffisant d'indiquer sommairement les formes que le bolchevisme revêt dans la pratique.

* *
*

Au point de vue théorique, le bolchevisme oriental semblerait représenter la domination totale de l'être individuel par l'être collectif. En Russie, une pyramide de conseils ouvriers, dits soviets, s'étend du village au comité central directeur. En sont exclus les bourgeois, les professeurs et tous les intellectuels.

Cette dictature apparente du prolétariat n'est en réalité qu'une fiction. La machine gouvernementale reste entièrement dirigée par un petit nombre de chefs assez absolus pour avoir pu supprimer toutes les libertés, celles de la parole et de la presse notamment. Des fusillades sommaires terminent immédiatement la moindre tentative d'opposition.

Le bolchevisme russe n'est, d'ailleurs, qu'une simple continuation de l'ancien régime tsariste. Il se maintient pour des raisons identiques à celles qui soutenaient ce régime. La Russie demi-barbare, composée de races différentes, ne peut, comme tous les pays asiatiques, conserver une certaine unité que sous la main de chefs absolus.

* *
*

L'essai actuel du communisme en Russie n'est pas unique en Orient. La Chine, notamment, expérimenta le communisme plusieurs fois. Au XI° siècle, sous l'empereur Tcheng-Tsong, la propriété privée fut abolie, les capitaux, les terres et les industries mis en commun.

Après une quinzaine d'années d'expérience, les ouvriers et paysans renversèrent le régime dont les graves inconvénients avaient fini par les frapper. La terre et l'industrie ne rapportaient plus rien, par suite de l'indifférence des exploitants que l'intérêt personnel n'animait plus.

Une nouvelle expérience du communisme faillit ruiner la Chine vers le milieu du dernier siècle. Elle dura également une quinzaine d'années, au bout desquelles les masses elles-mêmes virent que, loin d'être diminuée par le nouveau régime, leur misère augmentait.

*
* *

Si le communisme tend à se répandre chez certaines grandes nations, c'est, comme je l'ai fait remarquer déjà, que les civilisations, à mesure qu'elles se compliquent, traînent derrière elles un nombre immense d'êtres incapables de s'y adapter et désireux par conséquent de les renverser.

Pareil phénomène fut souvent observé dans l'histoire. Lorsqu'une race inférieure arrive à dominer accidentellement par la force une civilisation trop élevée pour elle, cette dernière est détruite avec violence. On le vit, notamment, lorsque les barbares anéantirent en Gaule la civilisation romaine, trop raffinée pour eux. On le vit également, de nos jours, lorsque les nègres de Saint-Domingue et d'Haïti anéantirent, sans pouvoir la remplacer, la civilisation que les Européens leur avaient apportée.

Des phénomènes du même ordre se manifestent

actuellement en Russie. Un observateur judicieux, M. Chessin, explique comment le régime communiste fit une guerre féroce aux intellectuels. Il rapporte cette profession de foi publiée par la *Pravda* :

« L'Orient moujik a jeté bas les théories de la science occidentale, il a obligé le savant à ployer l'échine devant l'ouvrier noir de crasse. »

Un des grands maîtres de la doctrine, Zinovief, proclame que, « dans chaque intellectuel, il voit un ennemi du pouvoir soviétique ».

C'est en raison de cette mentalité que l'enseignement de l'histoire, de la philosophie, de la morale a été exclu des écoles.

« Suivant l'auteur précédemment cité, les maîtres du pouvoir ont interdit, sous la menace de pénalités exemplaires, dans les bibliothèques publiques, des ouvrages de Platon, Aristote, Descartes, Kant, Spencer, etc. Les grands auteurs russes modernes eux-mêmes sont exclus ».

D'après le même auteur les professeurs des universités seraient choisis parmi les élèves des écoles ouvrières, n'ayant d'autres connaissances que les quatre règles de l'arithmétique et quelques rudiments de grammaire.

La Russie retourne ainsi aux formes inférieures de civilisation que rêvent tous les inadaptés.

*
* *

Nous venons de résumer brièvement la mentalité bolcheviste, la doctrine bolcheviste et ses applications.

La doctrine bolcheviste est dangereuse, mais la mentalité qui l'inspire plus dangereuse encore. Si elle continuait à envahir le monde, elle saperait définitivement tous les principes servant de base aux grandes civilisations.

La doctrine bolcheviste est en train de détruire le capital matériel des peuples, mais la mentalité bolcheviste menace un capital moral plus précieux que de fugitives richesses et dont la création a demandé de longs siècles d'efforts.

CHAPITRE IV

LUTTES DU SOCIALISME ET DU SYNDICALISME CONTRE LA CIVILISATION

Le socialisme et sa forme dernière le communisme peuvent être envisagés sous trois aspects différents : 1° comme religion; 2° comme doctrine politique; 3° comme état mental.

L'état mental a été étudié dans le précédent chapitre. La doctrine socialiste est à peu près celle jadis formulée par Karl Marx. La religion est constituée par les espérances d'un paradis terrestre promis aux prolétaires : l'usine aux ouvriers, la mine aux mineurs, la paix imposée par des réunions internationales d'ouvriers. Plus de guerres, plus de misère.

****

Une croyance politique ou religieuse représente un bloc dont chacun extrait ce qui est conforme à la nature de son esprit, c'est pourquoi, en passant d'un peuple à un autre, croyances politiques et croyances religieuses se transforment au point de devenir parfois méconnaissables. C'est ainsi, par exemple, que le bouddhisme, religion d'abord dépourvue de divinités, devint, en passant de l'Inde en Chine, polythéiste. Les livres sacrés, gardiens de la croyance primitive, demeurent toujours sacrés bien qu'étant devenus différents de la croyance dont ils traduisaient d'abord la doctrine. Le texte primitif n'a pas changé, mais ce texte est sans rapport avec les conceptions qu'il représentait jadis.

En appliquant ces observations au bolchevisme, on constate qu'il représente, suivant les pays, des idées assez différentes souvent sans rapport avec le marxisme théoriquement resté son évangile.

Chez la plupart des peuples, le communisme constitue simplement une tendance à la libération des instincts primitifs, le besoin intense de détruire l'ordre social établi et le désir, pour les pauvres, de s'emparer de la fortune des riches.

En France, aussi bien qu'en Russie, les communistes ne dissimulent pas leur programme. Une guerre civile générale en est pour eux le prélude nécessaire.

Le journal *l'Humanité* l'a très bien marqué dans les lignes suivantes, écrites en mars 1927, à propos du projet de loi sur la réorganisation de l'armée :

« Pour nous le problème de l'organisation générale de la nation pour le temps de guerre est clair.

'... Il s'agit, et il s'agit exclusivement pour nous, d'organiser la transformation de la guerre impérialiste en guerre civile et de préparer la mobilisation de l'armée au service du prolétariat. »

Le bolchevisme, dont les fondements étaient déjà connus des anciens Grecs, fut la cause principale des conflits sociaux qui se terminèrent par leur servitude.

Qu'il soit ancien ou moderne, le bolchevisme ne s'établit et ne se maintient quelque temps que par un despotisme très dur. La Russie en fournit aujourd'hui un nouvel exemple. L'autocratie des chefs y est si tyrannique qu'on a pu dire avec raison que la dictature du prolétariat était, en réalité, une dictature sur le prolétariat.

M. Jules Sauerwein a résumé dans les termes suivants l'effroyable régime soviétique.

« Ce régime, dit-il, aboutit à la destruction des énergies stimulatrices de l'effort, les individus y sont enrégimentés dans des conditions qui leur imposent une vie où tout est rabaissé à un niveau des plus médiocres. Les joies, à part quelques manifestations artistiques, dans les grandes villes, sont réduites à rien. Les espoirs sont vains, les ambitions interdites. Il n'y a plus d'élite, c'est-à-dire plus personne qui, par son effort, ait le droit de conquérir du pouvoir en même temps que des capacités et du bonheur individuel. S'enrichir est un crime, s'élever au-dessus des autres une trahison.

« ... Si les choses continuent de la sorte, la Russie redescendra peu à peu vers le moyen âge. Déjà, au lieu de s'adresser aux grandes organisations de l'État, bien des gens construisent de leurs mains des masures, en remplaçant les vitres par n'importe quoi et en fabriquant sur un établi de fortune les quelques objets indispensables. Les agriculteurs ne travaillent plus que pour leur propre subsistance. »

Aucun peuple civilisé ne supporterait longtemps un pareil régime. S'il a pu durer en Russie, c'est que, comme le disait déjà Michelet : « Ce grand pays asiatique, demi barbare, pratiqua toujours le communisme. » Dans beaucoup de régions, les terres appartenaient en commun depuis longtemps à tous les habitants des villages.

*
* *

Le communisme ne se recrute pas seulement dans le monde ouvrier illettré, mais aussi comme je l'ai plusieurs fois rappelé, dans l'immense armée des inadaptés, c'est-à-dire des êtres vivant dans une civilisation trop compliquée pour eux, ou dont ils croient avoir à se plaindre.

Font partie de cette grande armée les individus mécontents de leur sort, et ceux victimes de tares héréditaires : hérédo-syphilitiques, fils d'alcooliques, etc.; êtres incomplets auxquels les soins d'une puériculture compliquée permettent péniblement de végéter. Ils sont des ennemis irréductibles de tout ce qui dépasse leur mentalité inférieure. Pendant le triomphe du bolchevisme en Hongrie, on constata que les communistes atteints de tares héréditaires déployèrent une férocité impitoyable à l'égard de leurs victimes, faisant périr les plus éminents citoyens dans d'affreux supplices.

Subissant la loi rappelée plus haut, commune à toutes les croyances, le communisme s'est transformé en changeant de milieu. En Chine et dans l'Inde, il est devenu une sorte de nationalisme ayant pour devise : « La Chine aux Chinois, l'Inde aux Hindous, et le rejet des influences étrangères. »

*
* *

Les idéals religieux et politiques d'un peuple peuvent vivre parallèlement, se fusionner ou entrer en conflit,

L'Histoire ancienne ou moderne fournit de nombreux exemples de ces situations diverses. Dans la Rome antique, comme dans l'Angleterre moderne, l'idéal religieux et l'idéal politique vivaient sans se heurter. Au Moyen Age, un idéal religieux très puissant dominait en Europe l'idéal politique alors assez faible. De nos jours, l'idéal religieux et l'idéal politique sont entrés en conflit chez plusieurs peuples et c'est pour eux une grande cause de faiblesse. Des idéals contraires finissent généralement par provoquer des luttes prolongées. L'Europe fut déjà ensanglantée par de tels conflits à l'époque des guerres de religion. Actuellement, le radicalisme est entré en lutte contre l'idéal religieux qualifié de cléricalisme, et toute une série de persécutions en fut la suite.

* *
*

Le monde a fini par devenir assez indifférent aux questions religieuses, mais il a vu renaître, depuis un siècle, la lutte de la foule contre les élites qui a si souvent agité les peuples au cours de leur histoire. Les attaques du socialisme et du communisme contre l'ordre établi sont des manifestations indirectes de ce grand conflit.

C'est de la lutte entre l'élite dirigeante et les multitudes soumises au socialisme qu'est, depuis un siècle, tissée en partie notre histoire.

Les phases de cette lutte sont toujours les mêmes et peuvent se résumer de la façon suivante :

A la suite d'une révolution, le nombre triomphe,

mais comme ce triomphe s'accompagne bientôt de désordres et de ruines, une réaction se manifeste, et un pouvoir dictatorial surgit, qui met fin aux désordres. Ce pouvoir sans contrôle finit par commettre des erreurs politiques qui provoquent sa chute.

Ces phases diverses se sont succédé en France, depuis un siècle, comme nous l'avons déjà rappelé.

****

Les hommes d'Etat redoutent fort le socialisme, mais le syndicalisme les préoccupe beaucoup moins. Il est cependant, je le répète, aussi dangereux que le socialisme. Ses progrès journaliers sont en effet plus rapides et plus destructeurs. Les grèves anciennes des postiers et des cheminots en France, celle des mineurs en Angleterre ont montré de quels dangers le syndicalisme pouvait menacer la vie des nations. Le socialisme est une menace lointaine, le syndicalisme un danger immédiat.

Et c'est ainsi qu'une fois encore nous retombons sur les conclusions déjà formulées, que les luttes intérieures sont devenues plus menaçantes que les luttes extérieures contre lesquelles ont été réunis tant d'inutiles congrès.

CHAPITRE V

LA DÉFENSE CONTRE LE COMMUNISME

Le « Français moyen », peu initié aux mystères des intérêts généraux et privés qui font mouvoir les hommes d'État, ne doit rien comprendre à certaines oscillations de la politique contemporaine.

Un ministre anglais reconnaît à Gênes le gouvernment communiste de la Russie, et, quelques années plus tard, un autre ministre, également anglais, rompt toutes relations diplomatiques avec ce gouvernement.

Mêmes variations en France. Les bolchevistes y possèdent une ambassade, les simples communistes s'associent parfois aux radicaux dans les élections. Puis, tout change. « Le communisme, voilà l'ennemi ! » affirme un radical socialiste, devenu ministre, et la guerre est déclarée aux anciens alliés.

Que le communisme soit l'ennemi, il est difficile d'en douter. Qu'on ait mis aussi longtemps à s'en apercevoir montre à quelle limite invraisemblable certains hommes d'État peuvent pousser l'aveuglement.

Les communistes n'ont jamais dissimulé, en effet, leurs intentions destructrices. Un de leurs chefs affirmait, devant le Parlement, que l'antagonisme s'accentuait partout entre la bourgeoisie et la classe ouvrière. Cette dernière, lasse d'être exploitée, rêverait la destruction des classes dirigeantes par une guerre civile sans pitié.

Les communistes se préparent à passer de la théorie à l'action. Plusieurs journaux, notamment *La Revue de Paris* du 15 mai 1927, ont signalé l'organisation autour de Paris d'une véritable armée communiste de plus de douze mille hommes, ayant en réserve un important matériel de guerre. Les soldats de cette milice ont un uniforme spécial et sont commandés par des officiers que dirige un état-major.

Avec une troupe révolutionnaire aussi bien organisée, le gouvernement pourrait être, d'après l'opinion de personnages compétents, brusquement renversé par un coup de main analogue à celui qui, en 1871, substitua le pouvoir de quelques insurgés à celui de M. Thiers.

On sait de quels incendies et de quels massacres fut suivie la domination de Paris par la Commune. Il serait inutile d'insister sur ces leçons du passé; la mémoire affective est trop courte pour que les hommes d'État ordinaires puissent être impressionnés par le souvenir d'événements datant d'un demi-siècle. Leurs futurs intérêts électoraux les aveuglent au point de les rendre impuissants à percevoir les menaces de l'heure présente.

*
* *

La découverte du péril communiste, brusquement effectuée par le ministre de l'Intérieur, est bien tardive. Les poursuites proposées pour combattre le danger ont une valeur singulièrement faible.

Mais pourquoi cette faiblesse prolongée des radicaux envers les communistes? Ce n'est pas seulement parce que les deux partis furent souvent associés dans les campagnes électorales. L'indulgence du parti radical a des causes psychologiques plus profondes.

Le communisme est le terme ultime et inévitable du radicalisme. Il se borne, en effet, à développer les conséquences du principe d'égalité.

« Le communisme, écrit *Le Temps*, est tout à fait dans la tradition de 1793, et qu'a-t-il fait d'autre que de copier notre Révolution en ce qu'elle eut de plus destructeur et de plus sanglant?... La pure doctrine des révolutionnaires de 1793, c'est, théoriquement, l'affranchissement de l'individu, pratiquement son écrasement total sous le poids de la collectivité... Les actes des radicaux parlent plus clair encore que leurs paroles mêmes... Les voici, allant toujours plus à gauche, comme le firent aussi leurs ancêtres rejoignant déjà, sous prétexte de défendre l'individualisme, le collectivisme le plus dédaigneux des Droits de l'Homme, le communisme lui-même. C'est que, derrière leurs doctrines particulières il y a, pour les Jacobins du jour aussi bien que pour ceux d'hier, la doctrine fondamentale, la pensée directrice et inspiratrice, celle du *Contrat Social*, qui exige « l'aliénation totale de » chaque associé avec tous ses droits à la communauté ». « Les fruits sont à tous, dit J.-J. Rousseau, et la terre n'est » à personne. Car « chacun de nous met en commun ses biens, » sa personne, sa vie et toute sa puissance sous la suprême » direction de la volonté générale »... C'est *Le Contrat Social* » qui est la loi et les prophètes des gauches radicales. Et si nous leur permettons d'abattre tous les organismes sociaux qui sont les meilleurs boulevards de la liberté individuelle, de la liberté de posséder, de la liberté d'agir, même de la liberté de penser, contre les agressions violentes d'un parti disposant à son gré de la puissance de l'Etat, c'est l'individu qui tombe en esclavage... La « pensée de Robespierre » qui n'exista d'ailleurs que pour avoir été pensée par un autre que lui, par J.-J. Rousseau, est bien celle de nos radicaux socialistes. »

Bien que le jugement qui précède sur la Révolution soit un peu sommaire on ne peut nier que le communisme dérive de l'idée d'égalité. En essayant de libérer l'homme des illusions religieuses qui avaient orienté sa vie pendant de longs siècles, la Révolution conduisit à rechercher sur la terre l'égalité qui jadis devait être réalisée dans le ciel.

Il est visible, d'ailleurs, que la conception d'égalité n'est pas compatible avec celle de la liberté. La Russie communiste n'a pu subsister qu'en supprimant toutes les libertés. Devenu dieu à son tour, l'État s'est montré aussi intolérant que les divinités du passé.

*
* *

Il ne faut donc pas trop compter sur le parti radical pour combattre un frère, provisoirement ennemi, le communisme. Si les élections ne ramènent pas, comme en Angleterre, un nombre suffisant de modérés au pouvoir, la France a bien des chances de subir un régime socialiste plus ou moins voisin du communisme. Il engendrera naturellement, comme en Italie, une période de désordre à laquelle, suivant une loi séculaire vérifiée maintes fois au cours des âges, mettra fin la main pesante d'un dictateur.

C'est, qu'en effet, contrairement à une illusion encore générale, les foules les plus révolutionnaires en apparence redoutent le désordre et finissent toujours par réclamer un maître. Ce ne fut pas la peur, comme le disait Lucrèce, mais l'espérance et le besoin d'une direction mentale qui peuplèrent de divinités le monde antique.

Les progrès des sciences n'ont pas réduit dans les multitudes ce besoin d'être dirigées. Et c'est pourquoi nous voyons les troupes syndicalistes, socialistes et communistes obéir si aveuglément et si fidèlement aux ordres de leurs chefs. Ces chefs possèdent, du reste, des volontés fortes qui s'imposent alors que nos gouvernants n'ont que des volontés faibles dépourvues de prestige.

*
* *

Une révolution socialiste peut très bien triompher en France comme elle a triomphé d'une façon durable en Russie et d'une façon momentanée en Italie. Mais le régime socialiste ne saurait durer, parce que la doctrine se heurte à des barrières économiques contre lesquelles toutes les théories restent impuissantes.

La Russie en fait aujourd'hui l'expérience. Bien que le régime socialiste y soit théoriquement conservé, les gouvernants se voient forcés de renoncer progressivement à son application. L'expérience leur a prouvé, en effet, que sous le régime communiste, le salaire de l'ouvrier était beaucoup moins élevé que sous l'ancien régime capitaliste.

La cause de cette différence est très simple. La

Russie, comme d'ailleurs la plupart des peuples de l'univers, ne peut vivre qu'en achetant au dehors les produits que son sol ne fournit pas. Elle les paie, naturellement, avec ses marchandises; mais, pour que ces dernières puissent servir de monnaie d'échange, il faut que leur prix de vente sur les marchés étrangers ne soit pas supérieur au prix des concurrents. Or, l'expérience a toujours prouvé, et elle vient de le démontrer une fois encore en Russie, que les produits fabriqués par l'industrie étatisée reviennent beaucoup plus cher que ceux de l'industrie privée.

Suivant la pure doctrine communiste, l'Etat s'est emparé, en Russie, de la fabrication de tous les produits; mais leur prix de revient est trop élevé pour donner aucun bénéfice.

« La Russie, écrit M. Max Hoschiller, ne produit plus à bon marché : le niveau moyen de ses prix intérieurs dépasse de vingt-cinq pour cent celui du marché international. Lorsque certains produits se présentent dans des conditions de prix avantageuses, comme les céréales par exemple, les frais qu'occasionne l'appareil bureaucratique de l'Etat sont tellement élevés qu'elle exporte à perte. »

Nous voyons par ce nouvel exemple à quel point les nécessités économiques qui mènent le monde l'emportent sur les rêveries des illuminés qui voudraient le réformer à leur gré.

*
* *

Le communisme a réalisé en Russie le rêve jacobin : « Toutes les libertés, y compris celle d'opinion, sont immédiatement supprimées. Le gouvernement seul a le droit de penser et d'agir. »

En échange d'un pareil esclavage, l'ouvrier est-il plus heureux qu'en régime capitaliste ? Aucune des personnes ayant visité la Russie n'a encore répondu par l'affirmative. Ce serait donc pour aboutir à l'esclavage complet du travailleur, et nullement à son émancipation, que serait entreprise l'effroyable guerre civile rêvée par les communistes dans l'espoir de détruire la bourgeoisie à laquelle sont dues, avec tous les progrès de la civilisation, les améliorations sociales dont la classe ouvrière profite.

Le militarisme ou le fascisme semblent les inévitables conséquences du communisme. Ces régimes ne comportent aucune liberté; mais, alors que le communisme appartient à la série des forces destructives, le fascisme et le militarisme font partie des forces constructives.

On connaît la légende de l'apprenti sorcier qui, possédant la formule magique capable de faire jaillir de l'eau du sol, mais ignorant celle pouvant l'arrêter, fut submergé par le torrent qu'il avait fait surgir.

Nos imprudents radicaux pourraient bien être victimes, eux aussi, de la force destructrice des communistes, qu'ils soutinrent souvent dans les périodes électorales. Un des grands chefs du radicalisme assurait ne pas connaître d'ennemis à gauche. C'était pourtant à gauche que grandissaient les futurs destructeurs de son parti. Suivant une loi constante de l'Histoire, les mouvements révolutionnaires non réprimés à leurs débuts s'accélèrent rapidement et finissent par acquérir une irrésistible puissance.

***

Nous avons souvent eu occasion de revenir sur cette notion fondamentale que les institutions, les religions, les langues et les arts ne passent jamais d'un peuple à un autre sans se transformer. Les radicaux ont mis longtemps à comprendre cette vérité, contraire d'ailleurs aux fondements mêmes de leur doctrine. Quelques-uns, cependant, deviennent plus clairvoyants. C'est ainsi que le ministre cité plus haut a très bien vu que le marxisme allemand transporté en Russie y a subi de profonds changements.

« Le communisme actuel, dit-il, a puissamment incorporé à la substance primitive du matérialisme marxiste le double alliage de ces deux éléments nouveaux : le messianisme russe et les ambitions propres de la politique russe... Le communisme actuel porte la double empreinte de la pathologie et de l'impérialisme russe A la première, il emprunte une idée mystique de rénovation du monde par la destruction de l'esprit de l'Occident. A la seconde, il emprunte les ambitions immuables et les vieilles méthodes d'expansion de la politique russe contre les intérêts ou les influences politiques de ce même Occident. »

***

Diverses élections ont montré la puissance du communisme sur l'âme populaire. La propagande entreprise contre la société moderne par les adeptes du bolchevisme russe est, comme je l'ai rappelé dans un précédent ouvrage (1), une croisade comparable à la propagande islamique au temps de Mahomet et aux grandes croisades religieuses qui précipitèrent l'Occident sur l'Orient au moyen âge.

Il ne faudrait pas supposer, cependant, que les votes récents accordés aux candidats du parti communiste proviennent toujours de véritables convaincus. Ils sont émis surtout par l'immense armée des mécontents dont les perturbations sociales issues de la guerre accroissent chaque jour le nombre. Ces mécontents votent pour les disciples de Lénine comme ils votaient, jadis, pour Napoléon III ou le général Boulanger. Aucun argument rationnel ne guide leurs votes.

*
* *

Les causes de mécontentement des électeurs ne sont pas uniquement d'ordre matériel. Sans doute, comme le disait à la Chambre le chef du parti communiste, il existe aujourd'hui, dans beaucoup de pays, une antipathie profonde entre la bourgeoisie et la classe ouvrière ; mais l'orateur aurait pu ajouter aussi que la même antipathie s'observe entre les diverses classes de la bourgeoisie.

Cette antipathie tient-elle, comme l'affirme le chef communiste, à ce que la classe ouvrière serait écrasée et exploitée par la bourgeoisie ? En réalité, ce motif est plus apparent que réel. Beaucoup

____

(1) *Psychologie des Temps Nouveaux* (12ᵉ édition).

d'ouvriers sont assez instruits pour savoir que les gros bénéfices industriels proviennent de la longue addition de sommes infimes perçues sur chacun d'eux et dont la distribution totale aux travailleurs augmenterait d'une insignifiante façon leurs salaires. Le communisme s'est d'ailleurs répandu dans des classes, très convenablement rétribuées, comme celle des instituteurs.

* *

Si les différences de salaires ne suffisent pas à expliquer les motifs de l'antipathie constatée entre les diverses classes de la population, quelles en sont les vraies causes ?

Ici, nous entrons dans l'immense domaine dit des « impondérables », terme fort impropre d'ailleurs, car ces impondérables possèdent un poids immense. Ils ont contribué à bouleverser le monde et continuent à le bouleverser encore.

C'est dans l'action de ces impondérables et non dans les mobiles généralement invoqués qu'il faut chercher les causes profondes des divisions qui s'accentuent entre les diverses couches de la société française.

Sans prétendre déterminer toutes les causes de ce phénomène, nous nous bornerons à constater que la France est divisée en classes nombreuses extrêmement distinctes, ne se connaissant pas, se tolérant à peine et où les individus privilégiés par leurs titres, leur fortune, leurs emplois, etc., professent pour les autres un dédaigneux mépris. Les victimes de ce sentiment en éprouvent de vives blessures d'amour-propre. Or, les blessures de cette nature jouèrent un rôle considérable dans la genèse de beaucoup de révolutions, — la Révolution française, notamment.

De nos jours, les privilèges de la naissance ont été remplacés par des privilèges résultant de concours, mais la nouvelle féodalité issue de ces concours est parfois plus orgueilleuse et plus exigeante encore que l'ancienne féodalité, issue de la naissance et moins facilement tolérée.

Le régime des castes n'a été détruit qu'en apparence par la Révolution française. Il suffit de vivre dans une petite ville de province pour y constater la persistance de ce régime avec les rivalités et les inimitiés qu'il entraîne. Son influence en politique, aux périodes électorales surtout, est considérable.

La force immense des États-Unis est de n'être pas divisés en classes. Ouvriers et patrons ont à peu près le même costume, le même genre de vie et, malgré la différence de situation, se fréquentent comme le font en France les officiers, quel que soit leur grade.

*
* *

Pour obtenir, au moyen de la dictature du prolétariat, l'égalité des conditions, le communisme veut d'abord détruire tous les éléments de la civilisation : industrie, armée, colonies, etc.

C'est aux détenteurs du pouvoir qu'il appartient de se défendre. Les moyens ne sont pas, d'ailleurs, nombreux. Le plus fondamental est d'exiger le respect des lois et d'empêcher énergiquement la propagande antimilitariste répandue dans l'armée par plus de vingt journaux communistes. Aucun gouvernement ne saurait subsister sans l'appui d'une armée.

Quant à la lutte entre les classes, elle ne peut être supprimée que par des réformes analogues à celles résumées dans un autre chapitre et qui ont fait de l'ouvrier américain l'associé du patron. L'Amérique se trouve ainsi le pays de l'égalité réelle, alors que la France est le pays des inégalités profondes dissimulées sous des formules d'égalité apparente. Les révolutions déplaceront peut-être ces inégalités, mais ne les détruiront pas, car le besoin d'inégalités fait partie, chez certains peuples, d'un héritage ancestral que les révolutions n'atteignent pas.

CHAPITRE VI

LES ANTINOMIES DE L'AGE MODERNE
VISIONS D'AVENIR

Les périodes de désordre et d'anarchie dont est entrecoupée l'histoire des peuples aboutissent généralement à des phases momentanées de stabilisation. Les règnes d'Auguste dans l'antiquité, de Louis XIV dans les temps modernes sont des exemples de telles phases.

Des influences diverses, guerres sociales et proscriptions avant Auguste, guerres de religion et insurbordination de la noblesse avant Louis XIV, préparèrent ces périodes de provisoire fixité.

Les Etats-Unis représentent aujourd'hui une des rares parties du globe ayant atteint une certaine stabilité. L'Europe reste dans une phase de crises résultant d'antinomies si nombreuses et si fortes, que la période actuelle pourrait être qualifiée d'âge des antinomies. On se bornera à en énumérer quelques-unes.

*
* *

La plus dangereuse, peut-être, est celle constatée

dans les relations des peuples. L'évolution industrielle du monde a créé entre les nations une si étroite interdépendance économique qu'elles ne sauraient subsister les unes sans les autres.

Mais en même temps que la communauté d'intérêts rapprochait les hommes, la divergence de leurs héréditaires sentiments les séparait. Jamais les haines entre nations ne furent aussi intenses qu'aujourd'hui.

L'antinomie entre les conceptions politiques n'est pas moins profonde. D'antiques monarchies ont été remplacées par des gouvernements démocratiques. Les derniers souverains régnant encore ne gouvernent plus.

Mais à mesure que grandissait le pouvoir des parlements, grandissait aussi leur impuissance à bien gouverner. Cette impuissance devint telle dans divers pays qu'il fallut les remplacer, soit par des dictateurs comme en Italie et en Espagne, soit par des premiers ministres munis, comme en France et en Angleterre, de pouvoirs presque dictatoriaux.

Les peuples modernes semblent donc condamnés à choisir entre les deux termes de cette antinomie : subir des gouvernements collectifs impuissants ou accepter des dictatures personnelles avec tous leurs dangers.

Les aspirations pacifiques et les menaces de conflits entre peuples différents ou entre classes d'un même peuple constituent des antinomies aussi dangereuses que les précédentes.

Très dangereuse encore l'antinomie créée par les besoins croissants d'égalité et les inégalités issues des complications scientifiques et industrielles du monde moderne. Confusément sentie par l'immense armée des inadaptés, cette antinomie les conduit à vouloir ramener violemment à des formes inférieures les civilisations trop compliquées pour des cerveaux insuffisamment évolués.

*
* *

Les antinomies qui viennent d'être énumérées ont pour cause principale l'opposition entre des réalités qui ne fléchissent pas et des illusions que la poursuite d'idéals nouveaux fait naître.

Les conséquences de ces conflits ne sauraient être déterminées encore. Il n'est pas de cerveau assez vaste pour prévoir l'avenir de l'Europe et de sa civilisation.

La simple énumération des bouleversements qui se sont succédé depuis la Révolution française suffirait à montrer la difficulté de telles prévisions.

Un esprit pénétrant aurait pu, à la rigueur, entrevoir l'ombre d'un Bonaparte derrière les violences de Robespierre et les désordres du Directoire, mais comment eut-il deviné la série de révolutions et d'événements divers qui se déroulèrent jusqu'à nos jours ? L'imprévisible domine l'Histoire.

*
* *

Les destinées de l'Europe dépendront de la solution donnée à certains problèmes fondamentaux dont les plus importants sont les suivants :

1° La France et l'Angleterre pourront-elles éviter

une nouvelle guerre avec l'Allemagne isolée ou associée à la Russie ? 2° L'Europe est-elle menacée d'un grand conflit avec l'Asie ? 3° Le monde occidental pourra-t-il se soustraire aux destructions socialistes ? 4° L'hégémonie économique du monde, que la guerre avait transférée de l'Allemagne à l'Angleterre, passera-t-elle de l'Europe à un autre continent ? 5° Les États européens en seront-ils réduits à devenir les vassaux économiques et financiers de l'Amérique ?

La solution de ces divers problèmes dépendra surtout de la prédominance, impossible à prévoir, de certains éléments de la vie mentale des peuples.

Les influences affective, mystique et rationnelle qui mènent les peuples agissent dans le même sens aux époques brillantes des civilisations. Une révolution est inévitable lorsqu'elles entrent en conflit.

De nos jours, ce sont les éléments rationnels qui semblent dominer ; mais cette domination ne s'observe, en réalité, que dans les laboratoires et les usines. En dehors de leur enceinte, les impulsions mystiques et affectives restent prépondérantes. Elles s'opposent souvent aux influences rationnelles, et c'est là une des grandes causes du chaos où l'Europe est plongée.

*
* *

Les conflits entre les influences mystiques affectives et rationnelles qui se disputent l'orientation du monde, se manifestent journellement dans toutes les sphères de la vie sociale, y compris celles des intérêts économiques. Et c'est pourquoi on peut se demander si les haines profondes divisant les peuples pèseront plus dans la balance de leurs destinées que les intérêts économiques capables de les rapprocher.

Si la logique rationnelle dirigeait le cours de l'Histoire, les hommes admettraient sans discussion qu'ils ont plus d'intérêt à s'associer qu'à se combattre ; mais les impulsions affectives et mystiques d'où la plupart de nos actions dérivent ont une force si grande que les intérêts rationnels les plus clairs s'évanouissent souvent devant elles. On eut une nouvelle preuve de cette impuissance quand la Chine entreprit d'expulser violemment les étrangers. Malgré la communauté évidente de leurs intérêts, les diverses nations ne réussirent que très difficilement à s'unir un peu pour se défendre.

*
* *

La paix de l'Europe dépendra surtout des intentions pacifiques ou guerrières de l'empire germanique, c'est-à-dire de la prédominance que pourraient prendre sur les intérêts rationnels les besoins de revanche et de grandeur.

Si les influences rationnelles ne prédominent pas, une nouvelle guerre européenne est certaine dans un délai qui ne saurait être immédiat, parce que tous les peuples. y compris l'Allemagne, ont aujourd'hui un ardent besoin de paix, mais dans un délai moins long que celui qui a séparé la guerre de 1870 du dernier conflit.

Contrairement aux dangereuses illusions des rêveurs du désarmement, plus les grandes nations seront armées plus elles auront de chances d'éviter une nouvelle agression. On n'attaque pas les peuples suffisamment forts. Réduire les armées à une sorte de milice, comme le voulaient les socialistes avant 1914 et comme ils le veulent aujourd'hui encore, serait assurer la guerre.

*
* *

Quelles idées se forment de l'avenir de l'Europe les hommes d'État qui dirigent ses destinées? Leurs opinions semblent généralement dominées par la question de savoir si la paix pourra être maintenue et si l'Europe repoussera définitivement, comme y a réussi l'Italie, les influences socialistes.

« Si une guerre nouvelle se déchaînait en Europe, affirmait le premier ministre de l'empire britannique, M. Chamberlain, elle aurait pour conséquence la fin dernière des civilisations de l'Occident. » Les grandes capitales modernes : Londres, Paris, Rome, etc., qui illuminèrent le monde d'un si vif éclat, auraient le sort de Ninive, Babylone et des nombreuses cités antiques dont il ne subsiste que des ruines et des souvenirs.

Le même ministre considère qu'en dehors des guerres, « la propagation du socialisme est le grand danger menaçant l'Europe. »

Les hommes d'État français un peu clairvoyants semblent aussi pessimistes :

« ... L'idée d'égalité, écrit un ancien ministre, M. Bérard, est profondément incorporée à nos idées et à nos mœurs...

Égalité dans le demi-savoir, voilà pour l'ordre intellectuel; égalité dans la misère, voilà pour l'ordre économique, en attendant l'excès suprême, qui serait de détruire ce que l'on ne peut pas avoir. »

Une des grandes forces des États-Unis est d'être entièrement libérés des influences socialistes qui rongent l'Europe et la menacent d'un retour à la barbarie.

CONCLUSIONS

Les conclusions diverses que comporte cet ouvrage ayant déjà été résumées dans plusieurs chapitres, il suffira de rappeler les plus importantes.

Elles ne sont pas nombreuses. L'âge moderne représente, en effet, une période de conflits dont l'issue reste ignorée, entre des illusions politiques et des nécessités économiques nouvelles.

Parmi ces illusions le socialisme joue un rôle prépondérant. Comme le christianisme à ses débuts, il est devenu la religion des mécontents et des inadaptés que les grandes civilisations suscitent fatalement.

Tous ces infériorisés de la vie rêvent de ramener un monde trop élevé pour eux à des formes d'organisation mieux en rapport avec leur mentalité.

Si le socialisme triomphait en Occident, les États-Unis hériteraient du flambeau de la civilisation, pendant que les grandes capitales européennes subiraient une décadence analogue à celle dont la Russie socialiste est devenue victime.

*
**

En même temps que grandissait le rôle perturbateur des illusions politiques grandissait aussi l'influence de la science dans toutes les formes de l'évolution moderne. Elle a transformé l'existence matérielle des peuples et aussi leur pensée.

Son action dans l monde moral est loin cependant d'avoir égalé son rôle dans le monde matériel. Elle s'est montrée incapable d'établir la paix entre les hommes et de créer un idéal assez fort pour les orienter.

Malgré ses patientes investigations, la philosophie n'a pas mieux réussi que la science à résoudre les grands problèmes qui se posent à la curiosité des penseurs : l'univers est-il fini ou infini, créé ou incréé, éphémère ou éternel, de quelles sources mystérieuses dérivent la vie et la pensée, l'homme n'est-il qu'un infime atome perdu dans une immensité à laquelle i. est impossible d'attribuer un commencement ni d'entrevoir une fin ? Insolubles problèmes.

Et c'est pourquoi les peuples toujours avides d'illusoires espérances se retournent vers les divinités du passé ou se soumettent aveuglément à des doctrines auxquelles sont attribués de magiques pouvoirs.

*
**

Ce n'est pas seulement parce que la philosophie et la science semblent impuissantes encore à régir le monde moral que la religiosité ancestrale est si lente à disparaître. C'est aussi parce que les abstractions savantes sont trop froides pour séduire les cœurs. Les temples de la connaissance, constitués par les laboratoires, ont d'ailleurs une architecture bien sévère auprès de celle des édifices grandioses où, à l'ombre des autels, s'élaborèrent pendant tant de siècles les mobiles de l'activité des hommes. Apôtres de la science et apôtres des religions ne parlent pas la même langue. Alors que les seconds promettent les futures félicités d'un éternel paradis, les premiers ne s'occupent que de présentes réalités.

L'évolution des points fondamentaux de la pensée humaine, depuis les origines de l'histoire, peut être résumée de la façon suivante :

Dès que l'homme put réfléchir un peu il se sentit dominé par des forces supérieures que la crainte et l'espérance divinisèrent bientôt. Jupiter lançait la foudre, Neptune soulevait les flots, Cérès faisait mûrir les moissons.

Des siècles de recherches furent nécessaires pour découvrir que les dieux personnels étaient l'illusoire image de forces impersonnelles inaccessibles à la prière. Ce ne fut plus alors Jupiter, mais l'électricité, qui produisit la foudre, ce ne fut plus Neptune, mais l'attraction de certains astres, qui souleva les mers.

Sans doute, la nature intime de ces forces restait complètement ignorée, mais l'on savait au moins qu'elles ne résultaient pas de divins caprices.

Ce passage des anciens dieux personnels à des forces impersonnelles constitue un des grands progrès de l'esprit humain; ses conséquences ont été capitales.

L'homme, d'abord esclave d'une nature soumise à des lois tellement rigides que les dieux seuls pouvaient en changer le cours, devenait capable de lutter victorieusement contre elle.

De cette grande découverte résultèrent des transformations profondes dans la marche des civilisations. Conquérir les forces de la nature sembla plus efficace alors que de solliciter la protection des dieux.

Avec les progrès nés de cette conquête des horizons imprévus surgissent et déjà s'entrevoit l'aurore d'une humanité nouvelle assez évoluée pour comprendre, avec les raisons premières des choses, les mystères formidables dont le monde reste encore enveloppé.

TABLE DES MATIÈRES

LIVRE NEUVIÈME
Rôle de l'idéal dans la vie des peuples. La religion socialiste.

E. GREVIN — IMPRIMERIE DE LAGNY — 7-1927.